"十三五"国家重点出版物出版规划项目

"中国工业遗产故事"丛书

丛书主编　刘伯英　周大亚

金陵制造局故事

杨向昆　著

南京出版传媒集团
南京出版社

图书在版编目（CIP）数据

金陵制造局故事 / 杨向昆著. -- 南京 : 南京出版社, 2019.10

（中国工业遗产故事丛书 / 刘伯英, 周大亚主编）

ISBN 978-7-5533-2659-7

Ⅰ. ①金… Ⅱ. ①杨… Ⅲ. ①军工厂－史料－南京－青少年读物 Ⅳ. ①F426.48-49

中国版本图书馆CIP数据核字（2019）第202141号

从 书 名 中国工业遗产故事
从书主编 刘伯英 周大亚
书　　名 金陵制造局故事
作　　者 杨向昆
出版发行 南京出版传媒集团
南 京 出 版 社

社址：南京市太平门街53号 邮编：210016
网址：http：//www.njcbs.cn 电子信箱：njcbs1988@163.com
天猫1店：https：//njcbcmjtts.tmall.com/ 天猫2店：https：//nanjingchubanshets.tmall.com/
联系电话：025-83283893、83283864（营销） 025-83112257（编务）

出 版 人 项晓宁
出 品 人 卢海鸣
责任编辑 杨传兵 余世瑶
封面设计 张　淼
版式设计 王　俊
责任印制 杨福彬

制　　版 南京新华丰制版有限公司
印　　刷 江苏扬中印刷有限公司
开　　本 787毫米×1092毫米 1/32
印　　张 4.625
字　　数 81千
版　　次 2019年10月第1版
印　　次 2019年10月第1次印刷
书　　号 ISBN 978-7-5533-2659-7
定　　价 28.00元

天猫1店 天猫2店

编 委 会

总 序

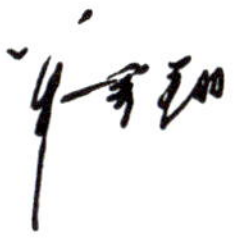

在众多的文化遗产中，“工业遗产”是一个年轻的类型。工业遗产是工业时代形成的遗产，自从 18 世纪 60 年代以蒸汽机为代表的第一次工业革命在英国爆发以来，工业文明虽然只有短短的三四百年历史，但在人类文明的发展史上，工业文明所创造的财富和对世界以及人类生活的影响，都远远超过之前几千年的总和。经过多年的开采、生产、运行，有些矿山、工厂、仓库、烟囱、管道、铁路、码头等已经失去了生产功能，但作为纪念物被保留了下来；同时还有些机器、车辆、工具、仪器、图纸、档案、照片、产品、服装等也一起保留下来，成为工业文明的历史见证和记录。

我们衡量文化遗产一般采用“历史、艺术和科学价值”这三大价值作为标准，而工业遗产在具有文化遗产的普遍特征的同时，还具有一些特殊的价值。一般来说，工业遗产具有历史、社会、建筑和科技、审美等多重价值。它与其他文化遗产的区别就是技术价值。工业遗产见证了科学技术对于工业发展所做出的突出贡献，表现在工厂矿山的选址规划、建（构）筑物的施工建设、机械设备的设计安装、生产工具的改进、工艺流程的设计布置和产品的更新等方面。从工业遗产中我们可以清晰地看到技术进步的脉络，其中既有创新、改进，当然也有失败或者弯路，这些都为后人提供了可供借鉴的经验或者教训。由于工业遗产可以直观地反映出人类社会发展的这一重要过程，工业遗产成为我们社会发展不可或缺的物证。

当你走进我国各地的博物馆，看到最多的是什么？是青铜器、陶瓷、丝绸、书画、金银玉器等精美的手工艺品，我国悠久的农业社会文明，为世界贡献了数不清、看不尽的文化瑰宝，使参观者瞬间满怀文化自豪感。从本质上说，这些都是农业时代的遗存，代表的只是我们国家在农业时代创造的文明、对世界文明发展的贡献。可是你却很少能够在我国博物馆中看到数量、规模能与上述这些农业文明时代的文化遗存相当的工业遗产。尽管工业时代是离我们最近的历史时期，工业文明创造了巨大财富，对世界以及人类生活产生了深远影响，但我们似乎忘记了给它在博物馆中留出应有的位置。

工业遗产对生活在当下或者未来的人有什么意义呢？我们说，工业遗产具有纪念、教育、文化或象征的意义。

我国工业化以来，形成了许多新的城市。例如，哈尔滨、长春、郑州、石家庄是火车轮子拉来的城市，上海、大连、青岛、秦皇岛是港口通航形成的城市，唐山、鞍山、玉门、大庆、平顶山、萍乡是矿山开采形成的城市。矿山、工厂、井架、火车头、港口是这些城市的历史符号，是老一辈人抹不去的记忆，很多家庭连续几代都在一家厂矿中工作，这些厂矿是城市的“源”，也是文化的“脉”，更是市民的“根”。

由于中国工业社会时代开始的时间晚于欧美，人们对工业遗产保护的认识需要一个接受的过程。随着城市化步伐的逐步加快，对工业遗产在拆与保、遗弃与利用之间存在着激烈的碰撞。这种碰撞不仅存在于个别地区，而且普遍存在于具有工业遗产资源的众多城市。近年来，我国伴随城市规划布局及产业结构的调整，过去的工业区大多变成了中心区，工业外迁的步伐加快，出现了大量的工业遗产。如何评估这些遗产并将其妥善保护、永续利用，已成为文化遗产保护领域一个极为紧迫的问题。

令人欣慰的是，许多具有远见卓识的地方政府，在大力推进当地经济社会可持续发展的进程中，重视工业遗产的保护，取得了令人称道的成绩。在对工业遗产保护逐渐形成共识的形势下，一批工业遗产得到了积极保护和合理利用。同时，我们也必须注意到，尽管近年来一部分工业遗产开始被列入保护之列，但是受法律保护的工业遗产项目仅占应纳入保护内容中的很小一部分。还有很多城市，特别是一些传统工业城市，还未将工业遗产保护纳入文化遗产保护范畴,还缺乏对工业遗产的总体评价和细致规划。

工业遗产的保护和利用需要公众的关注和参与。工业遗产的主人不仅是政府，每个人都是主人，只有当地居民自觉守护，才能保卫工业遗产的尊严，有尊严的工业遗产才有强盛的生命力。只有把工业遗产保护与城市文化建设，特别是与公众的生活紧密联系在一起，才能为工业遗产的保护与利用找到真正的根基，才能使工业遗产成为公众生活的组成部分，才能使工业遗产成为城市文化的内核与灵魂，也才能使城市成为工业遗产真正的家园。建设一个房地产项目，可以服务一个城市几十年，而保护好一个城市的工业遗产，或许会让一个城市受益上百年，同时也有助于提升市民的文化理念，使人们用辩证思维的方式去看待城市发展中的各种矛盾，平衡、协调、解决好各类问题。

感谢刘伯英教授等研究工业遗产的学者们，多年来为工业遗产的保护和利用开展了大量工作，使工业遗产引起了政府部门的重视。今天，他们又开拓了一片新领域，通过每一项工业遗产的详细说明与阐述，把我们的工业发展历史和其中有趣的人物、故事介绍给普通大众和青少年，引导更多的人，尤其是青少年群体对工业遗产产生兴趣，自觉地保护我们身边的工业遗产，这是一件利在当代、泽被千秋的好事。我非常愿意把这套丛书推荐给大家，特别是我们的青少年读者，为我们5000多年的文明史补上这极为精彩的一段，完整地看待一个悠久历史的民族，在艰难困苦中百折不回，从一个纯粹的农业国华丽转身成世界最重要的工业制造大国，树立起我们的民族自信。

单霁翔

（作者系中国文物学会会长、国家文物局原局长、故宫博物院原院长）

序　言

两次鸦片战争的失败，使中国门户洞开，主权遭到严重破坏。受西方武力入侵的冲击，清政府朝野上下在“师夷长技以制夷”思想的影响下，决定支持洋务派制造新式枪炮抵抗列强侵略。在此背景下，1862年（同治元年），刚升任江苏巡抚的李鸿章在上海建立起上海洋炮局，此即金陵制造局的前身。1863年，上海洋炮局又随李鸿章迁到苏州，改名苏州洋炮局。1865年，李鸿章署理两江总督，赴南京就职，苏州洋炮局随之迁至南京中华门外，改名金陵制造局，自此金陵制造局进入第一个大的发展时期。金陵制造局历经三次大规模的扩建，有机器设备182台，员工1200余人，出品的枪、炮、弹药达30余种，成了与江南制造局、福州船政局、天津机器局齐名的晚清四大军事工业。

1905—1927年处于从清末到民国的动荡时期，金陵制造局的发展一度受挫。1906 年（光绪三十二年），该局停止造炮。1910 年（宣统二年），裁减人员，停止制造兵器，将制炮机器拨给江南制造局，改为军械修理厂，每月经费减为银 2000 两，工人剩 200 余人。整体规模不断缩小，以致最后处于半停产状态。1927 年南京国民政府建立之后，金陵制造局改名为金陵兵工厂，迎来第二个飞速发展时期。特别是 1931 年李承干担任厂长之后，整顿厂务，减低成本，翻新厂房，扩充设备，使金陵兵工厂焕然一新，成为能够进行多品种生产的大型兵工厂。

1937 年卢沟桥事变之后，抗日战争全面爆发。淞沪会战的战火蔓延至南京、上海一带，金陵兵工厂多次遭受日机空袭。迫不得已，金陵兵工厂奉令内迁重庆，于 1938 年 3 月 1 日在重庆江北正式复工生产，改名为兵工署第 21 工厂。抗战期间，尽管困难重重，第 21 工厂还是得到了进一步的发展，到 1945 年 8 月，该厂有员工 15201 人，各类机器设备 4754 台，月生产步枪 8000 支，轻机枪 250 挺，重机枪 500 挺，82 毫米迫击炮 220 门，82 毫米迫击炮弹 7 万发，120 毫米迫击炮 10 门，120 毫米迫击炮弹 300 发，成为当时全国最大的兵工厂。

抗战胜利后，第 21 工厂一部分回迁南京，改为第 60 工厂。新中国成立后，改名为南京晨光机器厂，发展成为撑起中国航空航天事业一片天的南京晨光集团；留在重庆的部分逐渐发展成为今天中国重要的汽车生产基地长安集团，继续为共和国的国防和民生发挥重大作用。

金陵制造局自1865年创建，至今已历时150余年。150余年来，它由一个员工不足400人，只能生产开花炮弹、抬枪和铜帽等产品的小厂，历经晚清、民国，发展到如今的晨光集团和长安集团，可以说与波澜壮阔的近代中国的发展同呼吸、共命运，是中国近代化的拓荒先驱，民族军事工业的摇篮，是民族觉醒、民族复兴的见证者和亲历者，在激荡澎湃的中国近代社会转型中留下了浓墨重彩的一笔，这里面留下了太多感人的故事，值得后人永远铭记。

目录

一 源起洋务——寺庙里的机器声 …… 001

二 乌枪换炮

——阿思本舰队与苏州洋炮局的升级 …… 007

三 废墟之上建辉煌

——金陵制造局奠基南京中华门外 …… 013

四 毁誉参半——洋督办马格里 …… 020

五 兵工厂的中国科学家徐建寅 …… 026

六 中法战争与金陵制造局 …… 032

七 在反贪腐斗争中被提升的新厂长 …… 039

八　锐意革新

——用节余经费改造金陵兵工厂 …… 046

九　危难中的紧急抢运 …… 054

十　兵工厂的烽火西迁路 …… 062

十一　开工第一，出货第一

——勇挑供给抗战军火的重担 …… 070

十二　马克沁重机枪生产记 …… 078

十三　以厂为家

——既要搞好生产，也要搞好生活 …… 086

十四　俞濯之——从温文尔雅的留学生

到沉稳干练的厂长……095

十五　黎明前的护厂斗争……103

十六　军转民：造车为民致富兴家……111

主要参考资料……125

后　记……127

一 源起洋务——寺庙里的机器声

1842年(道光二十二年)8月，中英鸦片战争中国战败，清政府钦差大臣耆英、四品卿衔乍浦副都统伊里布和两江总督牛鉴被迫在南京下关江面的英国军舰“康华丽”号上与英军代表璞鼎查（Sir Henry Pottinger）签订了中国近代史上第一个不平等条约中英《南京条约》。消息传来，居住在南京城的魏源悲愤填膺，切身感受到了西方的船坚炮利与“天朝上国”的闭塞。此时，他再次想到了与好友林则徐促膝长谈的那个夜晚。

1842年8月，中英签订《南京条约》油画

就在一年前的1841年8月的

魏源与《海国图志》

一个夏夜，被革职发配新疆伊犁的禁烟大臣林则徐途经镇江，魏源闻讯赶来相送。两人在镇江的长江岸边彻夜长谈，林则徐虽遭贬谪，依然忧国忧民，向魏源倾诉对国家前途的担忧，并将翻译的《澳门月报》《四洲志》《粤东奏稿》等资料交与魏源，嘱咐其编纂一部世界地理历史知识的综合性图书，以期打开眼界，唤醒国人。而今正好过去一年，书稿尚未完成，魏源念及此不禁悲愤难当。自此之后，魏源加快了写作的速度，终于在当年撰写完成了《海国图志》50 卷本。在此书中，魏源明确提出以“师夷长技以制夷”的策略来增强国力，抵御外国入侵。

这本书的思想很有远见性，但在当时的中国社会并未引起太大的重视，然而却意外地对三个青年人产生了巨大的影响，他们分别是在京师翰林院供职的 31 岁的曾国藩、33 岁的冯桂芬和在家乡庐州读书的 19 岁秀才李鸿章。

1851 年（咸丰元年），洪秀全在广西发动农民起义，建号太平天国，并迅速壮大。1852 年，曾国藩受命在湖南招募和训练乡团，对付太平军，并逐渐成为镇压太平天国起义的主力军。李鸿章和冯桂芬先后成为曾国藩的幕僚。

在镇压太平天国起义的过程中，三人不约而同地意识到西式武器的优越性，认为靠国内提供军火要比从国外购买更能巩固国家政权。恰逢此时，英法联军发动第二次鸦片战争。

内外交困的局面，使“师夷长技以制夷”的思想在三人心中生根发芽。冯桂芬在魏源思想的基础上撰写《校邠庐抗议》一书，提出一系列富国强兵的计划，并将魏源“师夷长技以制夷”的思想发展为“中体西用”。受此影响，以曾国藩、李鸿章为代表的一批不甘民族衰亡的清朝官吏开始探索中国的自强之道，提出“习西法、兴洋师”，推行洋务新政。19 世纪 60 年代，一场影响近代中国命运的洋务运动迅速开展起来。洋务运动的核心目标就是发展近代军事工业，引进西式蒸汽机来进行大规模西式武器弹药的生产。

◎小贴士

洋务运动：19 世纪 60 至 90 年代晚清洋务派以“师夷长技以制夷”为基础，所进行的一场引进西方军事装备、机器生产和科学技术来维护清朝统治的自救运动。“自强”和“求富”分别是前期与后期的口号和目标。洋务运动进行 30 多年，虽然没有使中国富强起来，但引进了西方先进的科学技术，使中国出现了第一批近代企业，客观上促进了中国民族资本主义的产生和发展。

曾国藩

李鸿章

1862 年（同治元年）5 月，在曾国藩的推荐下，李鸿章升任江苏巡抚，令江南地主买办雇佣英国轮船，将 7000 名淮军从安庆等地运到上海。抵达上海之后，李鸿章看见外国枪炮性能优越，杀伤力强，而中国人所生产的军工产品却质量低劣，这再次给他留下了深刻的印象，更加坚定了他生产西式武器的决心。也是在这一年，原效力于英军的医生马格里（Samuel Halliday Macartney）投效李鸿章，就任军队教官。

鉴于购买外国弹药的价格过于昂贵，马格里向李鸿章建议“欧洲各国都开办大工厂制造军火，中国若为本身利益着想，也应该建立这样的制造厂”。这一建议与李鸿章的想法不谋而合，但李鸿章仍有所顾虑，担心中国工人制造不出枪炮来。过了些时日，马格里便造出一个炮弹、几个药引和几支炮门纸管自来火，用事实向李鸿章证明此事

1862 年创建于上海松江一座寺庙里的上海洋炮局

的可行性。时隔不久，李鸿章即授权马格里雇佣 50 名工人，在上海松江附近的一座庙宇里开始进行生产。

就这样，上海洋炮局（又名随军兵工厂、弹药厂、松江洋炮局）于 1862 年底在上海松江的一座寺庙里创立。最初，洋炮局的工具极其简陋，只有锤子、锉刀以及临时用取自田间的黏土自造的一个熔化器。后来，开始雇佣外国工匠，添置机器。除向外商购买外，还找人由香港购办造炮器具。如此规模极小、设备简陋的官营小工场，实质上是李鸿章在军需供应紧急的情况下所设的一个随军军械所，但这并不影响其在中国近代工业史上的里程碑地位。在 1872 年 4 月 11 日《北华捷报》所载的《论中国军火制造》一文中，上海洋炮局被称为中国“第一个西洋式兵工厂”。可以说，1862年底上海松江这座寺庙里微弱的机器声，在不经意间拉开了中国波澜壮阔的近代化序幕。

二 鸟枪换炮——阿思本舰队与苏州洋炮局的升级

1863 年（同治二年）12 月，淮军击败太平军，占领江苏首府苏州，李鸿章将大本营迁到苏州，并命令马格里带着上海洋炮局随军前往。上海洋炮局因此更名为苏州洋炮局（又名西洋炮局、西洋机器局），并占用太平天国纳王部永宽王府的宅田，加以扩充。1864 年 1 月，在搬迁兵工厂的时候，阿思本舰队变卖船上机器设备的消息传来。

这个“阿思本舰队”可谓名噪一时。为镇压太平天国运动，19 世纪 60 年代初，清政府开始考虑仿制或购买军舰。消息一出，刚刚与清政府签订《北京条约》的英国正打算加强与清政府的合作，以维护其在华利益，因此反应最为迅速。1861 年 4 月，刚刚代理中国海关总税务司的英国人赫德（Robert Hart）便向恭亲王奕䜣建议清政府购买英国船舰，用以进攻太平军，收复沿海失守各地。

阿思本舰队

1861 年 7 月 7 日，经奕䜣奏报，咸丰皇帝颁谕：“如能购买外洋炮船，剿贼必能得利。”1862 年 2 月，两广总督劳崇光与正往返于上海、广州几个口岸之间的赫德议定

◎小贴士

赫德（Robert Hart，1835—1911）：生于英国北爱尔兰阿马郡波特唐，1853 年（咸丰三年）毕业于贝尔法斯特女王大学。1854 年 5 月，19 岁的赫德来到中国，1861 年起在上海担任海关总税务司职务，1863 年正式接替担任海关总税务司，1908 年（光绪三十四年）休假离职回国，1911 年（宣统三年）死于英国白金汉郡，清廷追授其为太子太保。赫德曾担任晚清海关总税务司长达半个世纪（1861—1908），在任内创建了税收、统计、浚港、检疫等一整套严格的海关管理制度，他还创建了中国的现代邮政系统，著有《中国论集》等。

李泰国

赫德

购船的所有事项，决定以白银 65 万两购买 7 舰，在各地海关税款中拨用，具体事宜委托回英国休假的中国海关总税务司李泰国（Lay Horatio Nelson）操办。万事俱备，清政府自上而下都期待着一支崭新的舰队开到中国。

1863 年 1 月中旬，李泰国在英筹建舰队，并以曾在两次鸦片战争中到华参战的阿思本（Sherard Osborn）上校为舰队司令。舰队包括 7 艘炮舰和 1 艘囤船，还配有一套制造和修理武器用的机器设备，号称“水上兵工厂”。4 月 4 日，舰队从英国利物浦港起航驶向中国，9 月 12 日到达上海，18 日抵天津。不过，在舰队成立之前，双方便已出现矛盾，原来所定的 65 万两白银在成军前已两次增加，先加至 80 万两，后再追加至 92 万两。

然而，更严重的问题是双方对舰队的指挥、用人理解完全不同。清政府原意是由中国人为舰队统帅，英国人任副手，同时挑选中国人上船学习。李泰国未经清政府同意，就擅自代表清政府与阿思本私自签订合同，导致清政府对舰队并无实际领导与管理权。10月，清政府以“中国费数百万之帑金，竟不得一毫之权柄”“中国兵权不可假于外人”为由，照会英国，取消舰队。英国驻华公使及美国公使蒲安臣（Anson Burlingame）曾尝试调停，也没有结果。最后，舰队解散，根据负责调停的美国公使安排，各船返回伦敦拍卖。

1864年初，阿思本舰队准备撤回英国时，决定将船上的机器设备进行变卖。这时准备往苏州搬迁的上海洋炮局正受困于缺乏生产武器所需的机器设备。曾跟随英法联军参加过第二次鸦片战争的马格里深知阿思本舰队变卖的机器设备对于苏州洋炮局升级换代的意义，于是极力建议李鸿章买下。李鸿章经过一番思考，采纳了马格里的意见，指定马格里组织一个团体，以其名义购买。经过反复磋商，

◎小贴士

蒲安臣（Anson Burlingame，1820—1870）：美国著名律师、政治家和外交家，生于美国纽约州的新柏林。1861年担任美国第十三任驻华公使，1867年又担任中国全权大使，代表中国出访美国、欧洲，并签订了《蒲安臣条约》，是美国对华合作政策的代表人物。

苏州洋炮局

马格里最后共花费 4944 两白银购买了蒸汽锅炉、化铁炉、铁水包和各种机床等设备，并于 1864 年 4 月将其安置在苏州洋炮局，从而使其生产能力大大提升。

机器是拆散后装箱运来的，李鸿章从未见过洋机器。当他看到这些散在地上和木箱中的零部件时，以为买了一堆废铁，不禁有些恼怒。马格里立刻请英国的炮手和机械工程师把机器安装起来，很快，在蒸汽机的带动下，全部机器运转起来。听着机器的轰响，看着转动的齿轮，李鸿章惊喜交加——中国近代第一座现代意义上机器生产的兵工厂诞生了。

这套设备在工厂安装投产后，苏州洋炮局的生产能力大幅提升，每周能生产 2000 发左右的枪炮弹及其他一些军火，成本也大为降低——大小不等的炮弹约需 1 至 3 块银圆，较购买外国投机商的每发 12 镑炮弹需费 30 两银子而言，可省下一大笔。为此，李鸿章两次奏请清廷旨准，先后授予马格里三品顶戴，加“道员”虚衔。

兵器从手工方式生产到机器生产，是兵器工业乃至中国近代工业发展史上的一次飞跃。苏州洋炮局成为中国第一个引进西方技术和设备并具有机械化生产能力的企业，也是中国第一个使用蒸汽机作动力的工业企业，更是中国首家进行大规模机器生产的工业企业。洋务运动期间，关注中国问题的英国专栏作家干德利（Richard S. Gundry）评论道：“它标志着外国的机器在中国人倡议之下，在中国的土地上，首次被竖起的事实。它又标志着中国政治家们采用机器的开端。”从此，中国的兵器工业进入近代工业时期，中国近代工业也由此发端。

三 废墟之上建辉煌——金陵制造局奠基南京中华门外

1851年（咸丰元年）1月，洪秀全集2万余人在广西金田村发动太平天国起义。1853年3月，不断壮大的太平军号称50万众，拥万余艘船只，顺长江直下，攻克江南重镇江宁（今南京），并将江宁定为都城，改称天京。与此同时，清政府为堵截太平军，命令钦差大臣向荣和琦

◎小贴士

太平天国运动：太平天国运动是清朝咸丰元年到同治三年（1851—1864）期间，由洪秀全、杨秀清、萧朝贵、冯云山、韦昌辉、石达开等组成的领导集团从广西金田村率先发起的反对清朝封建统治和外国资本主义侵略的农民起义战争，是19世纪中叶中国最大的一场大规模反清运动。1864年（同治三年），太平天国首都天京（今南京）陷落，标志着该运动以失败告终。

清军进攻太平天国战图

善率清军分别在南京城东和扬州外围建立江南、江北两座大营。自此，围绕在南京城周边的战事不断，一直持续到1864年7月，清军攻破南京城。经此长达10余年的战火，六朝古都南京遭到巨大破坏，满目疮痍。坐落在聚宝门（今中华门）外扫帚巷东边的西天寺和大报恩寺也未能幸免，在战火中成为一片废墟。

然而，这片废墟却被一个人一眼相中。1865年9月，李鸿章因镇压太平天国运动有功，由江苏巡抚升任署理两江总督。刚刚赴南京就职的李鸿章在马格里的陪同下，登临中华门城堡，向南眺望，发现城门外竟然是一片残垣断壁。随行左右立即上前禀告，这里原来是明成祖朱棣为纪念其生母碽妃而建的大报恩寺，毁于太平天国战争中，众人听闻后一片唏嘘。马格里突然发现少了一个人的声音，转身一看——身边的李鸿章正凝神盯着城门外的废墟，嘴角还微微露出了一丝笑容。

原来，太平天国运动失败后，捻军成为清政府主要威胁，北方也代替长江流域，成为最重要的军事舞台，苏州洋炮局的地理位置已经不适合为正在跟北方捻军作战的清军供应武器弹药。而署理两江总督李鸿章在南京建立了新的大本营，远离了自己过去几年努力建立起来的上海—苏州后勤基地，非常不利于确保他对北方淮军供应近代武器和弹药的控制权。为了适应这种形势变化，李鸿章一直在考虑苏州洋炮局搬迁南京的问题，却没有找到合适的厂址。此时，中华门外的废墟令李鸿章眼前一亮，这里有完整的大片空地，且临近秦淮河，交通便利，是理想的建厂之地。

金陵制造局初建时期南京中华门外影像

当代复建的金陵制造局大门

很快，李鸿章将其在江苏巡抚任上一手操办的苏州洋炮局迁到这里，一个全新的金陵制造局（又称金陵机器局）就这样登上了历史舞台。1865 年 10 月 30 日，金陵制造局破土动工，1866 年 8 月竣工。因为马格里是英国人的关系，厂区式样及格局参照了英国的工业建筑风格。而厂房里的设备则是从欧洲各国引进，是当时世界上第一流的。据《续纂江宁府志》记载：计新造机器正屋一所，厅房 93 间，过亭 5 架，协屋 6 大间，披厢 10 间，门楼 2 所，“屋宇形式皆仿造西洋建筑”。12 月，李鸿章又令在大报恩寺下坡菜地续造委员住房一所，计 12 间。

1866 年 8 月，厂房建筑完工以后，李鸿章大力从外国购买机器，招募洋匠为技师。组织管理方面，李鸿章在金陵制造局内设总办、督办、会办、襄办及提调、委员、司事等职。直隶知州刘佐禹担任金陵制造局第一任总办，英国人马格里为第一任督办。该局常年额定经费为银10万两，其中江南海关拨银5万两，江南筹防局拨银3万两，扬州淮军收支局拨银2万两。开工之时，有员工役夫、匠目、亲兵约400人，后来逐步增加到1000人。金陵制造局正式开工后，曾国藩曾到局视察，他称金陵制造局“制造各机器，皆用火力鼓动机轮，备极工巧。其中如造洋火铜帽、锯大木如切豆腐，二者尤为神奇”。可见金陵制造局初创时，设备工艺就较为先进。

在李鸿章的格外关照下，金陵制造局规模不断扩大。1870年建立火箭分局，1872年建立试造火药局，同年提出增加各种设备和扩充制造的计划，其中包括增制火箭

刘佐禹

马格里

与水雷。1874 年，制造出三尺喷箭，用火药发射的火箭 1000 支。1877 年（光绪三年），机器局增设水雷局，“招募艺童，学习洋文洋语”。第二年，挑选了八人赴天津教练水雷局学习。这样，到 1878 年，金陵制造局已有机器厂三家，以及翻砂、熟铁、木作各工厂，还有火箭局、火箭分局、洋药局、水雷局等。

金陵制造局生产的抬枪

1879 年 2 月，金陵制造局接收乌龙山炮台机器局，接收后，由金陵制造局承担江防炮台军火制造任务。1881 年，为供给江防各炮台及留防各营充足的洋火药，继任两江总督刘坤一在金陵制造局内添设一个洋火药局。洋火药局自 1882 年动工，

◎**小贴士**

乌龙山炮台：位于尧化镇乌龙山上，北临大江，具有重要战略地位。清同治十三年（1874），清政府在乌龙山顶中部，建造乌龙山炮台。民国《首都志》载：“长江南岸乌龙山有滨江暗炮台七座，安炮七尊；明炮台三座，安炮四尊；山矶头暗炮台四座，安炮四尊；明炮台二座，安炮六尊。”后更名为乌龙山要塞炮台。

到1884年建成，当即投入生产。全部建厂费用约银18万两，常年经费为4万两，到1886年增为5.2万两。

经过不断地发展，在南京中华门外废墟上建立起来的金陵制造局不断创造辉煌，很快成为当时中国四大兵工厂之一。其规模虽仅次于上海的江南制造总局，所生产的新式枪炮在产量和质量方面却均居当时全国首位。金陵制造局的产品不仅供应淮军，还供应南洋、北洋各防营使用，甚至还接受全国各省防营订货。

四 毁誉参半——洋督办马格里

洋务运动开启了中国的工业化，金陵制造局正是洋务运动的产物。然而在洋务运动开展初期，所有的技术、机器设备都来自西方，一些洋人也投身其中，在中国早期工业化中扮演了投机家、冒险家的角色，英国人马格里便是其中有代表性的一个，他对金陵制造局的创办作出了重大贡献，同时依赖外国人建设现代工业的弊端也在他身上暴露无遗。

马格里（Samuel Halliday Macartney），英国人，获爱丁堡大学医学博士学位。1858 年（咸丰八年），马格里随英国侵略军来华，任陆军第 99 联队军医。后辞英军职务，在美国人白齐文（H. A. Burgevine）任副领队的洋枪队任军事秘书，两个月后辞职。1862（同治元年）年 10 月，马格里加入李鸿章淮军任教习。

刚入淮军的马格里便与金陵制造局结下了不解之缘，

金陵制造局厂房

他向李鸿章建议中国应建立自己的军火工业，这迎合了李鸿章的想法。很快上海洋炮局在马格里的带领下成立。1863 年底，也是在马格里的协调下，苏州洋炮局成功购买阿思本舰队的机器设备，使洋炮局初步具备机械化生产能力。

1865 年，苏州洋炮局随李鸿章迁往南京，重新建厂，改名为金陵制造局。为确保金陵制造局的运转，李鸿章任

◎小贴士

李鸿章（1823—1901）：安徽合肥人，晚清名臣，是淮军和北洋水师的创始人和统帅、洋务运动领袖之一。李鸿章建立了中国第一支西式海军——北洋水师，官至文华殿大学士、北洋通商大臣、直隶总督，爵位一等肃毅侯。一生参与了一系列重大历史事件，包括镇压太平天国运动、镇压捻军起义、洋务运动、甲午战争等，代表清政府签订了《越南条约》《马关条约》《中法简明条约》《辛丑条约》等一系列不平等条约。德国海军大臣柯纳德称其为“东方俾斯麦”。李鸿章与曾国藩、张之洞、左宗棠并称为“中兴四大名臣”。著作收于《李文忠公全集》。

命马格里为督办，总揽全局，地位在总办刘佐禹之上，并给予他丰厚的薪水，另拨款2000两银为他建私人别墅，特许他拥有一支公费开支的私人卫队，由十多人组成。马格里知恩图报，刚开始的时候对金陵制造局的工作也格外卖力。为了扩大产品品种，缩短和国外先进水平的差距，他亲手组织试制鱼雷、火箭等新式武器并获成功。1870年，金陵制造局增设火箭分局，将霍尔火箭正式投产。

1872年10月，李鸿章召马格里到天津汇报工作，并对金陵制造局的发展规划表示支持。马格里乘机提出到欧洲考察及采办设备、原材料的要求，得到李鸿章的批准。1873年9月，马格里开始了欧洲之行。他去了法国、奥地利，参观了国际博览会的军事馆，眼界大开；然后考察了英国的钢铁厂和兵工厂，同机器和金属材料出口商签订了合同。1874年3月，马格里回到中国。他购回的外国设备使金陵制造局再次得到较大规模的扩建，下辖机器厂3个，翻砂厂、熟铁厂、木作厂各2个，并辖有火药局、火箭分局、水雷局等等。金陵制造局成为一家生产枪炮和弹药种类多且规模较大的兵工厂。

马格里的私人别墅

随着金陵制造局的

逐步发展，马格里的缺点逐渐暴露，私欲也不断膨胀。在企业的决策上，马格里利用李鸿章对他的言听计从和鞭长莫及，实际上攫取并垄断了决策权，凌驾于一切人之上。在企业的经营、管理上，马格里经常越俎代庖，直接干预，插手指挥，以致和总办刘佐禹的关系十分紧张。对待下属，马格里更是不可一世，有异议者动辄撤换，命令卫队鞭打不听话的工人。鉴于马格里与刘佐禹关系不和，李鸿章将刘佐禹调离金陵制造局，任命段寿和为总办。段寿和处事圆滑、精明，不与马格里正面冲突，暗地则不断向李鸿章汇报，将马格里专横跋扈、对中国人欺辱及垄断技术、乱开支、出国考察时大肆挥霍公款等不轨之举一一密报，从而动摇了李鸿章对马格里的信任。

1874 年 11 月，李鸿章为制约马格里，任命郭道直为总办，使中国人总办增为 2 名；同时，将马格里的地位降为外国指导，并下令解散马格里的私人卫队。面对自己特权的丧失，马格里以辞职抗争，但一件突发性重大事故加快了他的落幕。

马格里（左一）检测金陵制造局仿制的格林炮

1875 年（光绪元年）1 月 5 日，金陵制造局为天津大沽炮台制造的大炮试射时，有2门炮当场爆炸，炸死官兵7人。李鸿章很不高兴，召马格里来现场查明事故原因。马格里拖了2个月才迟迟到来，还故作镇定地要求组织视察团到大沽口。结果在他亲自主持下，大炮于再次试射时依然爆炸。幸亏事先有备，未伤及在场人员。对其余4门大炮再也不敢试射了。经检查鉴定，炸炮原因是造炮的原材料质量低劣。马格里为了赶生产进度，将劣质材料用来造炮，以待合格材料到货后再更换，不料因此酿成大祸。

李鸿章担心清政府追究如此重大事故的责任，便责令马格里检讨错误，自请严处。但马格里不领情，对草菅人命而应负的责任拒不承担，对独断专行的企业管理方式造成的恶果毫无认识。祸不单行，5月19日，金陵制造局又发生一起恶性火药爆炸事故。这对马格里来说，无疑是雪上加霜。7月7日，李鸿章撤去马格里在金陵制造局的职务，

清兵在操练短炸炮

但念他在麾下效劳洋务多年，不无功绩，于是将他推荐给中国驻英国公使郭嵩焘当顾问。自此，毁誉参半的马格里在金陵制造局正式画上句号。

作为中国第一位洋督办，马格里在华工作12年。时代的机遇使专业不对口的他扮演了中西之间军火生产掮客的角色。他来自科技、工业发达的英国，文化程度高、肯钻研，只要中国官方给他人、财、物支配权，他便能经营起一个稍具规模的兵工厂并初见成效；当工厂发展壮大，对产品、管理有较高要求时，先天不足的他必然会露出马脚并最终落马。这也显示出中国工业化初期的艰难性，以及依赖外国技师的不确定性。

◎小贴士

郭嵩焘（1818—1891）：乳名龄儿，学名先杞，后改名嵩焘，字筠仙，号云仙、筠轩，别号玉池山农、玉池老人，湖南湘阴城西人。晚清官员，湘军创建者之一，早先担任曾国藩幕僚，后被授为苏松粮储道。光绪元年（1875）入总理衙门，不久出任驻英公使，后兼任驻法使臣，是中国首位驻外使节。

五 兵工厂的中国科学家徐建寅

马格里离开之后，金陵制造局遇到了短暂的发展瓶颈，一方面，两次炮台试验的炸裂使机器局不敢再尝试制造大炮，而是大量生产小型过山炮、前膛炸炮、旧式抬枪等；另一方面，马格里事件之后，洋务官员也逐渐意识到聘请洋技师的弊端，金陵制造局的洋匠或相继被辞退，或自动离厂，厂里技术人员越来越紧缺。而已经前往天津就任直隶总督的李鸿章对金陵制造局的管理越来越力不从心。金陵制造局该何去何从，其发展前途一时扑朔迷离起来。

此时，处于困顿之中的金陵制造局得到了时任两江总督曾国荃的重视。1885 年（光绪十一年），曾国荃再一次扩充金陵制造局，着力研制后膛枪炮，并从美国购买 500 多台制造枪炮子弹的机器。但是缺乏掌握核心技术的技师的问题仍然没有解决，只能每年数次从上海聘洋匠来局作

曾国荃

徐寿

指导，这样既费时费力，又效果不佳。而与此同时，徐建寅在无锡为父亲徐寿守孝三年期满，正在请江苏巡抚崧骏奏请清政府留省委差。

徐建寅，江苏无锡人，是清末科学家徐寿之子。1861年（咸丰十一年），年仅17岁的徐建寅就随父亲到曾国藩设在安庆的军械所工作，并与父亲共同设计和制造出了中国第一艘机动轮船“黄鹄”号。1867年（同治六年），徐氏父子在曾国藩的推荐下，双双调入江南制造局任职。在江南制造局的八年中，徐建寅帮助父亲制造“惠吉”“操江”“测海”等多艘轮船，开创了我国造

徐寿、华蘅芳、徐建寅设计的“黄鹄”号蒸汽船

船工业的先河，同时还翻译了大量有关西方科技的书籍。1874年，徐建寅奉调天津机器局，试制强水成功。1877年，徐建寅在山东巡抚丁宝桢的极力推荐下，成功创办山东机器局，并正式投入生产。

1879年，徐建寅出国考察，历时五年，成为我国近代第一位到国外进行科技考察的科学家。在这五年期间，徐建寅先后考察了德、法、英等国的几十家工厂，其中有火药厂、炮厂、子弹厂、水雷厂、伏耳铿船厂、冷机厂、钢厂、烙铁厂、电机厂、煤井、光学仪器厂等等，并将所见所闻写成《欧游杂录》一书，而且还成功为清政府订购质优价廉的铁甲舰。

如此经验丰富、长期在机器厂工作且熟悉西方生产技术和管理的人才，正是金陵制造局苦苦追寻而不得的。

◎小贴士

“黄鹄”号蒸汽轮船：我国自己设计建造的第一艘蒸汽机明轮船，造价白银8000两。1864年，清军攻陷太平天国首都天京（今南京）之后，曾国藩便把内军械所由安庆迁到南京，轮船的研制也就移到南京继续进行。徐寿、华蘅芳、徐建寅等人根据小火轮船试制的经验，终于在1865年研制成功，曾国藩赐名“黄鹄”，长17米，航速6节，自重25吨。它的建造揭开了中国近代船舶工业发展的帷幕。

徐建寅

徐建寅著《欧游杂录》

听闻徐建寅想要留在南京工作的消息之后，总办郭道直立刻邀请徐建寅到金陵制造局工作，并出任会办一职。郭道直素来钦佩徐建寅才华，徐建寅到局后，郭道直倚重如左右手。

徐建寅出任金陵制造局会办后，怀着一颗强国之心，夙夜勤勉，始终不倦，不断推进金陵制造局军事技术上的革新。他遇到的第一个难题就是如何仿制克虏伯后膛炮。当时局里正仿制全新克虏伯后膛炮，困难很多，而克虏伯炮厂对大炮铸钢法秘不示人。中国的铸钢技术落后，对克虏伯大炮铸钢件的化学成分、机械性能亦不清楚，对铸钢大件更是毫无经验。

但是徐建寅的到来，使此问题迎刃而解。早在 1879 年秋，徐建寅在欧洲科技考察的时候，就曾专门考察过德国克虏伯炮厂，在他写的《欧游杂录》一书和在《格致汇编》中刊出的《克鹿卜厂造炮记》一文中对克虏伯厂造炮的过程均有详细论述，如熔铸钢料法、汽锤打炮成形法、车炮外面之器、钻炮内膛之器、抽刨炮管内膛来福槽之器、来福槽磨光等。另外，徐建寅还参观了克虏伯炮厂的理化试验室，因此对于秘不外传的克虏伯造炮法，徐建寅是了然于胸。

很快，凭借自己考察调研搜集的资料和丰富的实践经验，徐建寅在金陵制造局自行设计，建造铸钢炉，自行铸钢，铸成大型炮身铸钢件，并最终试造成克虏伯新式纯钢后膛炮。这是中国制造的第一代纯钢后膛炮，大大推动了中国

装备在“定远”舰上的克虏伯 305 毫米后膛炮

火炮技术的发展。

试造成功克虏伯炮之后，徐建寅又陆续仿制成功马克沁重型机枪，自行设计建造成小型炼钢炉（即西门子炼钢炉），试制成射程远、命中率高、穿透强的德国新式步枪（后膛抬枪）等，开创了多项“中国第一”。他还将西方企业中的技术管理、人事升迁、成本核算、工资计件、劳动考核等管理办法引入金陵制造局。虽然徐建寅在金陵制造局工作只有三年时间，但他对金陵制造局乃至全国军事技术和企业管理上的革新都做出了重大贡献。

六　中法战争与金陵制造局

越南位于东南亚的中南半岛东边，与中国是山川相连的邻邦，唇齿相依。中越两国有着悠久而深厚的历史关系，从秦汉到隋唐，越南一直都是中国历代王朝直接管辖的郡县或州府。五代十国时期，越南人吴权趁中原大乱，于937年（昇元元年）称王自立，其后，吴、丁、前黎、李、陈、胡、后黎、阮氏诸王朝继之。自五代十国至清朝，除了明成祖短暂直接统治过20年以外，越南都在中国的朝贡体系之列，是中国重要的属国，即越南统治者向中国皇帝称臣纳贡（至清乾隆、嘉庆定制，越南四年一贡，与朝鲜同），奉正朔，受册封，尊中国为“上国”，中国皇帝由此视越南为藩属，保护受封者的王统地位和国家安全不受侵犯。

然而，到了19世纪下半叶，法国开始入侵中国这个传统的属国越南。1856年（咸丰六年），法国远东舰队因越南处死传教士炮轰岘港。1858 年，法军攻占西贡（今胡志明市）。1860 年法国在第二次鸦片战争结束后借用侵华法军进攻南圻，先后占领嘉定、定祥、边和、永隆等省和昆仑岛，使越南南部六省沦为法国殖民地。1862 年（同治元年）6 月，法国和越南阮氏王朝签订第一次《西贡条约》，将西贡一带的地区割让给法国。1863 年，越南承认柬埔寨是法国的保护国。

1873 年 11 月，法国派安邺（Marie Joseph Francis Garnier）率军百余人侵袭并攻陷越南河内及其附近各地。越南国王阮福时请求当时驻扎在中越边境保胜的中国人刘永福率领的黑旗军协助抵抗法军侵略。同年 12 月，黑旗军在河内城郊大败法军，击毙安邺，法军被迫退回越南南部。1874 年 3 月，越南在法国侵略者的压迫和讹诈下，在

◎小贴士

朝贡体系：是自公元前 3 世纪开始，直到 19 世纪末期，存在于东亚、东南亚和中亚地区的，以中国中原帝国为主要核心的等级制网状政治秩序体系，朝贡体系在明成祖朱棣时期达到高潮，当时向明朝政府朝贡的国家和部族一度达到 65 个。在朝贡体系影响下，东亚地区逐渐形成一个以汉字、儒教、佛教为核心的东亚文化圈。朝贡体系常与条约体系、殖民体系并称，是世界主要国际关系模式之一。

法国殖民时期的越南

西贡签订了《越法和平同盟条约》，即第二次《西贡条约》，越南向法国开放红河，并给予法国在越南北部通商等多种权益。1875 年（光绪元年）5 月，法国照会清政府，通告该约内容，意在争取清政府的承认，从而排除在历史上形成已久的中国在越南的影响。6 月，清政府复照对该条约不予承认。

1882 年 3 月，法国政府命交趾支那海军司令李维业（Henri Laurent Rivière）指挥侵略军第二次侵犯越南北部。越南朝廷一再请求清政府速派军应援。清政府鉴于形势变化，命令滇桂两省当局督饬边外防军扼要进扎，但强调“衅端不可自我而开”。1881 年 5 月 19 日，刘永福率黑旗军在怀德府纸桥进行决战，李维业本人及以下 30 余名军官、200 余名士兵被击毙，法军被迫退回河内。法国利用李维

《顺化条约》签订现场

业之死，竭力煽动全面的侵越战争，除增援陆军外，还成立北越舰队，调兵遣将，积极部署。8月间，法军一面在北越加紧攻击黑旗军，一面以军舰进攻越南中部，直逼越南都城顺化。1881年8月25日，法军迫使越南签订《顺化条约》，取得了对越南的统治权。

《顺化条约》签订后，中国成为法国占有越南的唯一障碍，法国侵略者为实现对越南的殖民统治，达到据越南而入侵中国西南的目的，开始全力对付中国。1883年12月，孤拔（Amédée Courbet）带领的法军进攻驻扎在越南红河三角洲北圻的清军并占领了该地，中法战争一触即发。

法国是老牌资本主义国家，法军的武器装备十分先进，清政府只有生产大量枪炮供应前线使用，才有打赢的可能。为此，清政府下令江南制造局、金陵制造局、福州船政局、天津机器局四大兵工厂加急生产。当时的金陵制造局虽然初具规模，但正处于马格里辞职之后的困难时期，厂屋狭窄，机器陈旧，经费难以敷衍。在这样的情况下要造出大量武器是个不小的挑战。但是工人们懂得武器对战争的重

中法战争中的福州海战

要性，也懂得赢得这场战争是多么重要，因此早出晚归，自觉加班，甚至有人到凌晨停工时，还不愿意离开，恳请再工作一会儿。

在大家的努力下，金陵制造局为前线输送了大批武器，有力地支持了清军。据曾国荃奏章所述，自 1884 年 6 月至 1885 年 5 月，金陵制造局供广东十二磅来福铜炮 10 尊，供云南后膛炮 4 尊，供浙江过山炮 20 尊，供台湾二磅后膛炮 6 尊、十管格林炮 10 尊、四门神机炮 4 尊，供湖北二十四磅洋生铁开花炮 5 尊，供北洋二磅后膛炮 6 尊，供江西劈山炮 10 尊、前膛抬炮 100 尊。

在金陵制造局为清军提供的武器中，特别值得一提的是四门神机连珠炮。四门神机连珠炮是一种手动机炮，有四根平行排列的枪管，口径 37 毫米，发射时用手转动一个把手，各个枪管后的枪机依序击发，理论射速为每分钟 350 发。该炮于 1878 年由美国武器专家诺登飞（Norden-feldt）发明。

四门神机连珠炮

1879 年，清政府从美国购买一批，随后引进技术，首先在金陵制造局进行仿制。该炮装备部队后，随即参加中法战争，在刘铭传保卫台湾的战斗和沿海反登陆作战中发挥了重要作用。

然而，金陵制造局及其他兵工厂在当时毕竟生产规模有限，因此在中法战争中，常常出现军火供不应求的局面。1885 年 3 月 23 日法军进攻镇南关，老将冯子材协调各部身先士卒，击败法军，取得镇南关大捷，并攻克谅山。镇南关大捷之后，张之洞想要冯子材乘胜追击，但却发现军火严重不足，就想要从金陵制造局调拨一批神机炮供冯子材出关作战，

中法战争时期的镇南关

但曾国荃答神机炮是为刘铭传所订，金陵制造局因经费有限，未曾多造，而台局更紧急，不敢与拨。

鉴于战争中出现的军火严重供不应求的问题，战争结束后，光绪帝专门旨谕两江总督曾国荃，说战争虽然告一段落，但边境海防建设不能懈怠，相关生产武器的工厂也要注意扶持，尤其是金陵制造局，应该怎么发展，你给我一个方案。曾国荃一看，哪能疏忽，随即上奏，请求将金陵制造局的生产经费从每年的 10 万两白银增至 15 万两。除此之外，再求另拨 10 万两作为扩建和添置设备之用。光绪帝准奏后，朝廷随即拨银扩建。

七　在反贪腐斗争中被提升的新厂长

进入 20 世纪以后，随着清朝局势日益动荡不安，金陵制造局的发展也越来越艰难。1905 年（光绪三十一年），北洋大臣袁世凯以山东德州北洋机器局已经开工，不需要金陵制造局所造枪弹为由，停拨扬州淮军粮台每年的拨款银 2 万两。从此以后，金陵制造局的经费逐渐减少，1906 年，该局停止造炮。1910 年（宣统二年），裁减人员，停止制造兵器，将制炮机器拨给江南制造局，改为军械修理厂，每月经费减为银 2000 两，工人 200 余人。1911 年 4 月，因该局经费无着落，陆军部决定停办，交江南制造局接收。自此金陵制造局基本上处于半停产状态。这一方面是由于金陵制造局管理混乱，生产时断时续，且出产的武器不能适应当时的需要；另一方面，则与清末新政和清末人事、政策的变动息息相关。

江南制造总局

辛亥革命后，金陵制造局由中华民国临时政府接管，随着时局变化，后改为北洋政府陆军部军械司管辖。但实际上金陵制造局为江苏督军所控制，长期被排除在中央之外，历届厂长多由不懂兵工生产且只顾肆意贪赃枉法的官僚充任，致使厂内贿赂风行，厂纪废弛。南京国民政府建立以后，军政部设立兵工署，来统一管辖全国兵工厂，但金陵制造局的状况并没有好转。

在 1928 年至 1931 年间，黄公柱担任金陵兵工厂厂长，

◎小贴士

金陵兵工厂：1928 年 3 月，金陵制造局划归上海兵工厂管辖，改名为上海兵工厂金陵分厂。一年后，南京国民政府建立军政部，又将金陵兵工厂独立建制，直属军政部，称金陵兵工厂。

他原为冯玉祥属下一个炮兵团团长，对于兵工生产是个外行，担任厂长期间，不仅不认真学习工厂管理，而且还中饱私囊，任人唯亲。自厂长至不少部属，常常上班迟到，更有甚者，厂中一些管理人员赌博之风泛滥，会计课长自以为是厂长的心腹，竟然用小皮箱装满钞票，借给同僚作为赌资。黄公柱在担任厂长的 4 年中，贪污款项竟达 400 万银圆之巨。这种“军阀式”的管理，使厂内的生产陷入近乎停滞的状态，所仿制的德国马克沁重机枪及美国勃朗宁手枪，每个零件都不是按照设计图纸制造，而是由工人依照枪械式样来制作。这就导致了一枪零件只能配一枪使用，不能调换，更不能各枪互换，这对于连续发射的机关枪来说是很不利的。厂内生产效率之低可想而知，以至于

小贴士

兵工署：1928 年 11 月 11 日成立于南京杨将军巷，下设有总务科、设计科、检验科、检查科、兵工研究委员会、兵工材料购办委员会，隶属于国民政府行政院军政部，为统理全国兵工及一切有关兵工建设事宜的最高管理机构。兵工署成立时，在军政部下并列的署处有陆军署、海军署、航空署、军需署和审查处。第一任兵工署长由军政部政务次长张群兼任。兵工署的设立，标志着兵工行业已经完全成为中国近代工业中的一个单独门类，这是兵工企业管理体制上的一次重大改进。

金陵兵工厂生产的 6 英寸勃朗宁手枪

工人多不安心工作，企图另谋出路。

而此时，一个人的出现为金陵兵工厂境况的改善带来了一丝希望，他就是 1927 年 5 月进入金陵兵工厂、1928 年开始担任工务处长的李承干。

李承干，1887 年 7 月出生于湖南长沙，1916 年毕业于日本东京帝国大学电气工程专业。1918 年初至 1927 年夏，李承干先后任湖南省长公署实业科长兼技正、湖南省电灯公司工程师、湖北汉阳兵工厂电机课长兼汉阳兵工学校教官、福州电气公司工厂部主任。

进入金陵兵工厂之后，李承干工作认真负责，总是穿着一身蓝布制服，在工厂各部巡视，常与职工在一起解决生产技术上所遇到的问题。在专心致力于军械生产和改进之余，李承干对厂内触目惊心的腐败状态十分忧虑，于是用很大精力考察中国兵工事业的积弊，谋求振兴中国兵器工业的良策。升任工务处长后，他更是把兴利除弊作为己任，与厂内存在的腐败现象进行坚决斗争。

但李承干刚正不阿的作风很快引起一部分既得利益群体的嫉恨。1930 年，金陵兵工厂生产机枪和步枪的子弹从

金陵兵工厂厂房一角

1929 年的 1092 万粒，增加到了 2100 万粒，产量几乎增长一倍。造子弹所需的紫铜片，在冲下料后，所余碎铜片还可以回炉制成整料使用，但厂长黄公柱却将厂里回炉的铜片充作从市场上新购回的铜片做账，以便从中渔利。随着机步枪弹产量的增长，碎铜片回炉制成整料的数量就越来越多，黄公柱等从中贪污的赃款就更多。但是这笔假账需要工务处长李承干“认证”之后，他们才能将这笔可观的款子收入自己的腰包。可李承干对于这种公然的贪赃枉法行为予以严词拒绝。这种事情多了，黄公柱对李承干的嫉恨就越来越深，久而久之萌生了整倒李承干的念头。

1931 年，厂里有一些经费结余，当大家商讨如何使用这笔结余经费的时候，李承干力排众议，主张将这笔款项用于扩大再生产。黄公柱等人则认为这个主张损害了他

年轻时的李承干

军政部次长兼兵工署署长陈仪

们的私利，便以“李承干反对给工人发双薪”和“破坏机器”为由，挑动工人对李承干的不满情绪，甚至煽动工人罢工，怂恿不明真相的工人包围李承干，迫使他无法在工厂立足。

此时，适逢李承干老友陈仪任军政部次长兼兵工署署长，他了解李承干的为人，得悉此事后，便立即派人到厂调查。经过一连数日调查，调查人员发现李承干在工厂尽职尽责，公正无私。至于所谓“破坏机器”，实际上是李承干将一些几十年前的破旧而不堪使用的机器加以淘汰，或改装使用。调查结果，李承干反而应获得上级嘉奖。陈仪于是一面责令黄公柱平息事态，一面将李承干请回来。1931 年 7 月，李承干被擢升为金陵兵工厂厂长，而黄公柱则以行为乖张为由，被调离金陵兵工厂。当然，李承干能够在反腐斗争中被提升为厂长，也得益于南京国民政府此时正在引进或选拔一批有才能有责任的兵工人才，准备大刀阔斧地整顿兵工行业。

随着李承干担任厂长，一场对金陵兵工厂脱胎换骨般锐意革新的序幕正在缓缓拉开。

八　锐意革新——用节余经费改造金陵兵工厂

1931 年 7 月，李承干接任厂长职务后，呼应兵工署对兵工行业的改革要求，以“亲爱精诚、忠实职务、公正廉洁、勤俭求知”为厂训，励精图治，锐意革新。李承干深知对中国老旧兵工企业进行改革，最关键的就是能够汇集一批志同道合、吃苦耐劳、精明能干的优秀人才。因此，上任

金陵兵工厂时期的李承干

周治同

伊始，李承干就广泛挖掘兵工人才，并很快形成了以周治同、朱洪建、虞绍唐、宋克谟、孙学斌、何振廉、俞濯之为骨干的管理层。

同时，李承干还聘请了一大批技术人才，其中有毕业于湖南机械专科学校，擅长机械工程、建筑工程设计与制图的易万之；有就读过北京铁路大学，专攻经济管理的熊宇岑；有刚刚毕业于汉阳兵工专门学校造兵科第二期的赵国才，以及随同李承干由福州电器公司一同到南京来的技术人员邵焌等。他们后来都成了厂里机械工程、兵器制造和财务管理等重要部门的负责人。有了这一批团结并且高度忠于厂长，并和兵工署的目标一致的精英群体，改革的实际阻力变小了，改革成效大大增强。

在用人这个决定性的问题解决以后，还必须健全和完善组织机构。原来厂里仅设有总务处和工务处两个部门，管理上多有疏漏。鉴于此，金陵兵工厂修订新编制，改科为处，改股为课，增设购料课及军械库于总务处之下，增设图案室及物料库于工务处之下。1934 年 7 月 10 日，兵工署令汉阳兵工厂、巩县兵工厂、金陵兵工厂、汉阳火药厂、上海炼钢厂五个兵工企业试行成本会计制度，于是金陵兵工厂又增设成本计算室（后改为会计处），下设簿记、成本计算、审计等三课，总务处下又增设出纳课，以求科学地进行全厂经济核算，达到降低成本、增进生产效益的

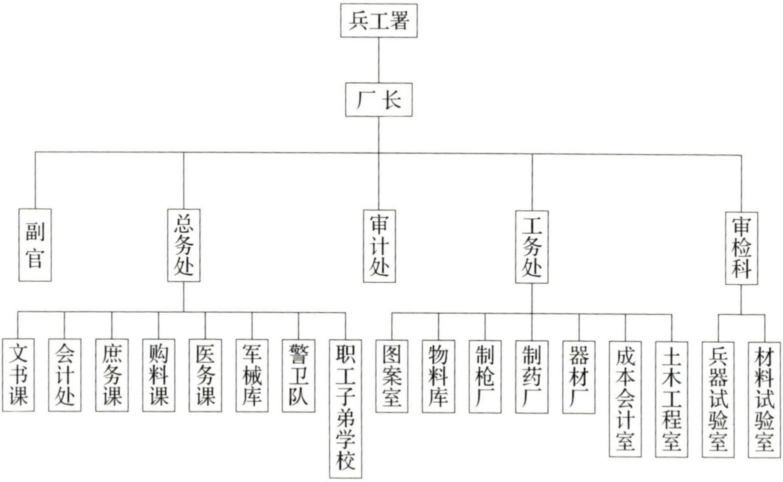

改革后的金陵兵工厂系统组织图

◎**小贴士**

成本会计制度：是指对进行成本会计工作所作的规定。它的内涵与外延随着经济环境的变化在不断发展变化。商品经济条件下，现代企业的成本会计制度内容包括成本预测、决策、规划、控制、计算、分析和考核等所作出的有关规定，指导着成本会计工作的全过程，这也称作广义的成本会计制度。具体的成本会计制度有：关于成本预测、决策制度；关于计划（或标准成本）成本编制的制度；关于成本核算制度；关于成本控制制度；关于成本分析、考核制度等。

目的。

另外，为了革除在经费、物资管理与购置、技术革新和生产等各个环节中的弊端，李承干采取了一系列重要举措：诸如厘定法规以明职责，革除陋习以防中饱；慎选材料以合规格；改善工作方法，提高工作质量，砥砺员工研究，扩大工余教育，以培养其品格知识；改良员工生活，以利其精诚合作等等。

实行改革之后，金陵兵工厂很快就取得了不错的成效，全厂的面貌有了明显改变，员工情绪稳定，生产效率提高，产量增长，单位成本下降。改革第一年，金陵兵工厂在产品工艺方面就取得重大突破，制弹厂主任虞绍唐成功地研究出一种子弹铜壳收口小冲新工艺，不仅使枪弹的日产量由 7 万粒增至 12 万粒，而且废品降低大半，每粒的成本

1935 年，金陵兵工厂改建前的厂区外景

从 9 分降低到 4.9 分。到 1933 年，厂里不仅达到收支平衡，而且经费开始出现结余。到 1934 年，厂里结余经费约 128 万元。

李承干在着手改革之余，也在筹划厂房和设备的改造工作。不过，由于经费不足，这一时期的设备更新还是零星的，小规模的，厂房的改建工作也是局部的。但李承干的目标是对工厂进行根本性改造，使之成为一个新兴的兵工企业。于是在 1933 年工厂经费开始出现结余的时候，李承干就向兵工署请求将厂内积存的余额用作扩建工程。其实早在一年前兵工署就向军政部呈报《国防兵工五年建设计划预算书》，为了国防备战，有意建设新兵工厂，改造旧兵工厂。当时战事频繁，建新兵工厂并不现实，旧厂翻新又苦于经费不足，也是迟迟不能实现。此时，李承干的建议正和兵工署的计划一致，因此很快就得到了兵工署署长俞大维的支持。

1934 年 9 月 26 日，经过周密计划，李承干正式向兵工署署长俞大维提出了《以结余改进厂务计划》，希望利用结余经费 128 万元完成对全厂的全面翻新和扩建。10 月 3 日，俞大维将该计划转报军事委员会批准。

在得到军事委员会的批准之后，金陵兵工厂开始了全面的改造和扩建工作。从 1934 年到 1936 年，金陵兵工厂展开了两次较大规模的征地扩建工程，共征地 223 市亩。

周边住户一看金陵兵工厂征地是为了建新厂房造枪造炮保卫国家，都自觉搬迁，没有一处钉子户。完成征地之后是实行公开招标建筑。为避免外国人注目，金陵兵工厂不登报招标，只在市内贴出“金陵兵工厂招标通告”。招标手续极为严格，并做了安全性保障，规定“凡愿意投标的厂商，在限定时间内携带牌号、书柬、戳记、经理人图章并押图费40元，前来工厂土木工程室领取工程图说，并查看施工地点；开标在规定日期当中公布；无论中标与否，所领图说均须全部缴还，不得转告国外之人，否则严重处罚”。

金陵兵工厂新建的锯齿形厂房

改建后的金陵兵工厂礼堂

1935 年 6 月 20 日开标时，国民政府审计部陈祚荫、军事委员会审计厅胡兆鑫、军政部营造司徐百川、兵工署行政司李奎瓒，会同金陵兵工厂总务处长孙学斌、技术员易万之、熊持林，科员鲍智仙等人，与各招标厂商 17 家参加。最后，“窦永记”“协记”两家厂商中标。签订合同时，两边各站一排人，这些人不是保镖，而是政府专门派来监督见证的官员。金陵兵工厂的扩建工程既包括添修旧有的枪厂、中弹厂、器材厂，也包括新建南弹厂、北弹厂、木厂、工具厂和职工住宅、浴室、物料库、试验室等，还购置了机器设备，以扩充生产能力。

孙学斌与夫人合影

全厂共用资金近 200 万元，其中建筑费用 408634 元，机器 1046 部共值 1313212 元，工具仪器 104330 元，交通器材 9353 元，样板样品 41612 元，图书 8408 元，家具 30368 元。在土木建筑工程方面，完成了图书室三层楼房一栋，工具厂二层楼房一栋，机器厂房二栋，枪弹厂房一栋，铜厂料库二层楼房一栋。另外，还建有十五栋职工和家属宿舍，附有浴室、教室、娱乐室等设施，建有职工医院、职工子弟小学校舍等。经过这一系列改造，工厂面貌焕然一新。厂房和设备的更新，反过来又进一步促进了工厂技术的进步和产量的增加，使金陵兵工厂逐渐走上良性发展的道路。

九 危难中的紧急抢运

1937 年，金陵兵工厂的扩建工程全部完成，全厂员工已增加到 4000 余人。正当金陵兵工厂迅速发展之际，日寇发动了全面侵华战争。“八一三”淞沪会战开始后，日寇侵略矛头直指国民政府所在地——南京。日机每次空袭南京时，几乎都会经过金陵兵工厂上空，并屡次在此低飞盘旋，投弹扫射。据粗略统计，1937 年 8 月，兵工厂连续三次遭到轰炸，被日机炸弹炸死的有器材厂工人程明海、张庆余，铁厂工人冯根宝，枪厂工人李经希、杨积明，以及一等兵赵福胜；炸伤的有药厂主任熊梦莘、中尉厂员李继德、下士副班长余克田、上等兵王振新和一等兵张鸿鑫等人，部分厂房设备被毁。

面对敌人的暴行，厂长李承干在激励全厂职工同仇敌忾的同时，一面加强厂内防空并进行人口疏散，一面组织

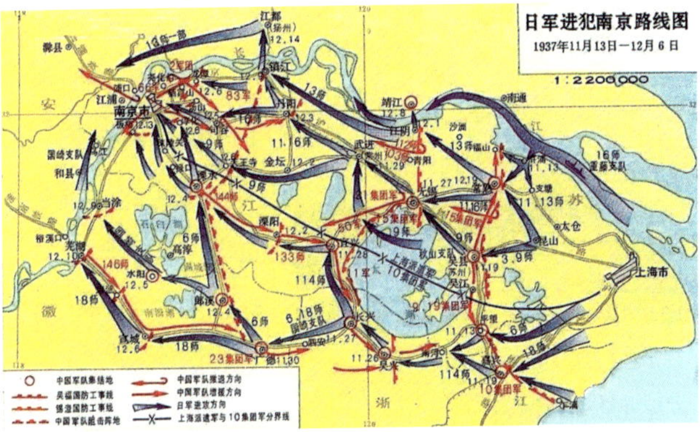

日军进犯南京路线图（1937 年 11 月 13 日—12 月 6 日）

职工昼夜赶制军火支援前方将士，并派得力人员彻夜赶修前方送来的有故障的枪支和火炮等武器。一股前所未有的激情在大家胸中燃烧着，全厂职工众志成城，昼夜坚持生产，以实际行动奋起抗敌。淞沪抗战期间，中国军队两门 150 毫米榴弹炮发生故障，金陵兵工厂工程师赵国才带人彻夜抢修，使重炮及时恢复战斗力。10 月 6 日，技师房俊卿、孙振东二人前往江阴要塞赶修重炮，返厂途中不幸遭遇日机轰炸，双双殉职。李承干在 1947 年回忆当时的情景道：“吾人目击其残暴行为，热血愈为沸腾，鼓舞奋发，不分昼夜照常工作，诚有一心报国，视死如归之概……”

11 月 12 日，上海失守，南京告急，金陵兵工厂已无法在秦淮河边继续维持生产。此时的李承干心急如焚，如果自己苦心经营的兵工厂再被敌人夺走，抗战的武器装备

1937年11月，日军空袭南京

将更加堪忧。11月16日，南京国民政府下达了金陵兵工厂西迁的命令。而在此之前的9月24日，金陵兵工厂子弹厂已经奉兵工署命西迁，该厂职工300多人在主任虞绍唐率领下，迅速将359台机器拆卸装箱，以武汉为中转站，直抵重庆南岸铜元局，并入第20兵工厂。

这次顺利搬迁为此时整个金陵兵工厂的搬迁积累了宝贵的经验。因此，在11月16日命令下达当日，李承干立即作出了将金陵厂整个工厂一次性搬迁到重庆的重要决策，并派遣成本计算课长黄兆瑄飞往大后方重庆。在兵工署重庆办事处协助下，黄兆瑄先后购得重庆江北已经停办的裕蜀丝厂与燮和火柴厂、黄氏小学等50余亩地块，并立即着手修缮厂房，准备接应迁运到渝的机器设备和职工。为迅速完成西迁工作，厂里还成立了专门负责迁运工作的机构，由李承干亲自指挥，具体分工是由孙学斌主内，督率同仁拆卸机器设备和搬运物资；李承干主外，接洽车船，探听情报。

迁运机构一成立，孙学斌和沈季明等人就细致周到地把机器设备的拆卸装箱和到达目的地后的安装工作紧密结合起来，将全厂各部门机器设备的拆卸、零件部分和半成品的装箱，都按工序编号，且有秩序地交车船运输。这样，当机器设备和半成品运抵重庆后，就能够有条不紊地运抵一批，安装一批，为到达新厂址后迅速复工创造了有利条件。由于时间紧迫，拆卸和装箱的工作量很大，领导和职工们都是夜以继日加班加点地工作，孙学斌因日夜督率，以致精疲力竭，声音嘶哑。

当时，南京各政府机关、企事业单位、工商团体和大专院校均在紧急搬迁，广大市民纷纷逃难，社会上人心动荡、秩序混乱，交通工具更是极度缺乏，这给金陵兵工厂的搬迁造成了极大困难。李承干和负责迁运的人员日夜奔波于厂区、下关长江码头与火车站之间，交涉运输车辆和船只的使用，并督促设备与物资的装运。

为了争取通过铁路运输厂里的设备和物资，还出现过李承干与负责拆迁任务的沈季明在中华门火车站强闯站长办公室的事。原来厂里已装上列车的设备和材料却没有

1937 年成为日军飞机轰炸目标的浦口火车轮渡

抗战时期乘火车逃难的百姓

火车头来拉，而中华门火车站的办公室门前竟然设了岗哨，阻挡人们来访。李承干和沈季明决定硬闯，他们推开岗哨，直冲站长室，要站长尽快派火车将已装满设备和物资的列车拉走，而站长却一味地强调困难。作为中将厂长的李承干说到激动之处以中将的身份命令车站站长：“必须保证金陵兵工厂的物资运输在规定时间内运走，否则我要到军事法庭去告你们。”站长一看两人气势汹汹，也深知兵工运输责任重大，连忙点头答应。

和铁路同样重要的是水路运输，从秦淮河蜿蜒下行就是长江边的下关码头，当年这里是南京的交通枢纽，码头上人山人海，政府机关、工厂、学校都忙着西迁运输物资，等待撤退的居民人数超过 20 万。水运原本是最方便的运

抗战时期民生公司“民本”轮在南京转运难民与物资

输方式，然而随着前方形势日益严峻，到武汉和重庆的船已经一票难求。

正当李承干等人因为船只紧缺一筹莫展之时，一个人的出现为金陵兵工厂的搬迁解了燃眉之急，他就是民生公司的创始人卢作孚。9月份，子弹厂的搬迁就是由民生公司“民本”“民元”等轮完成的，这次金陵兵工厂西迁水运也主要是由卢作孚的民生公司承担。卢作孚与金陵兵工厂商谈签约后，急调民生实业公司载重500吨级的“民本”“民风”“民元”“民权”等轮船装运金陵兵工厂物资。

日军进攻中华门

经过全厂职工16个昼夜的紧张拆卸和装运，4300多吨机器设备、原材料和半成品，6000余副防毒面具、若干军火，以及从前线运回待修的18门大炮，经过拆卸、装箱、编号，最后终于全部装上4辆火车、30辆卡车、6艘轮船和6只木船，分头运出南京。12月1日，日本大

◎**小贴士**

南京保卫战：又称南京战役，是中国军队在淞沪会战失利后，为保卫首都南京与日本侵略军展开的作战。1937年12月1日，日军大本营下达“大陆第8号令”，命令华中方面军与海军协同，兵分三路，攻占南京。蒋介石任命唐生智为首都卫戍部队司令长官，部署南京保卫战。因敌我力量对比悬殊，南京各城门先后被日军攻陷，守军节节抵抗，牺牲无数。12日，唐生智奉蒋介石命令，下达撤退令，守军各部因撤退失序，多数滞留城内，被日军大量屠杀，损失惨重。12月13日，南京沦陷，日军开始了惨绝人寰的南京大屠杀。

本营陆军军部正式下达了对南京总攻的命令，南京城的攻守战役迫在眉睫，李承干还是坚持到厂区巡视。面对这几年千辛万苦修建的新厂房和尚待完工的几项工程，他思绪万千，最后不得不告别苦心经营十年的金陵兵工厂时，他面向工厂大门脱帽三鞠躬，喃喃地说：“再见了，南京！我们还要回来的！”

金陵兵工厂大批机件撤离南京后，有 70 吨机枪毛坯未及运出。留守这最后一批器材的工人姚志良、王相越、吴堂三人想办法找到木船，于 12 月 6 日，距离南京失守一周左右，将最后这批器材装上木船。木船依靠风力和人力向武汉方向驶去。经过两个月的水上颠簸，才到达安徽望江，然后搭轮西上。

十　兵工厂的烽火西迁路

离开南京只是开始，更大的困难还在前方。从南京到重庆，水路一千多公里。由于航道艰险，又是逆流而上，船行迟缓，加上日机经常低空轰炸，西迁的路途可谓艰难重重。

当时，负责指挥长江航运的长江航业联合办事处考虑到各船舶吨位的大小不一，吃水深浅不同，适宜航行的路线也各不相同，为便利运输采取分段联运的办法。李承干等人经过研究，也决定将物资分段运输，在汉口、宜昌、万县等地设置中转站。其中武汉是金陵兵工厂由南京向重庆迁移的最大转运平台，从南京起运的陆路和水路的物资和人员都必须先在武汉集中，然后再陆续由长江航业联合办事处指挥航运到重庆。

因此，李承干从南京溯江而上停留的第一站就是武汉。

他到武汉之后就立即投入紧张而繁杂的转运工作中，一面派员分头在车站和码头负责转运由南京运来的物资，将其迅速通过长江航运溯江而上，经宜昌而至重庆；一面派贾

抗战内迁运输中的民生公司“民生”轮

◎**小贴士**

民生公司：1925 年，由 32 岁的卢作孚在重庆筹办，以一条仅 70.6 吨位的小火轮起家，仅用 10 年时间，就统一了川江航运。到 1937 年前夕，民生公司已经拥有 46 艘轮船，是中国当时最大的民营航运企业。国民政府内迁重庆时，长江中下游轮船被日军破坏或封锁，招商局、三北等轮船公司的船只大多不适合长江上游的航行。卢作孚临危受命，顶着日军的炮火，承担了中国此次内迁的主要运输任务，将中国最重要的工业企业经三峡抢运到大后方。

逸孚工程师借得武昌北城角的职业学校宿舍，以暂时解决来武汉员工的食宿问题，使之得以稍事喘息。

当时正是寒冬季节，有时雨雪连绵，且又遭敌机频繁空袭。但兵工厂职工全然不顾所遇到的困难，也不顾个人安危，一心一意盼着将机器设备与材料运到目的地。工程师李耀普受李承干指派，负责在武昌大智门火车站起卸由津浦路运来的机器设备，正当他在站内奔走指挥之际，由于车夫忙乱，不慎使车上笨重机器压坠在李耀普身上。事发突然，李耀普猝不及防，脊骨被压断。另外，为了躲避空袭，码头上货物的装卸多在晚上进行。在晚上敌机飞来时，整个码头作业区骤然灭灯，一片黑暗，工人们放下工作，就地防空；敌机一过，则灯光齐明，热火朝天，场面甚为

金陵兵工厂西迁画作

感人。

12 月份的长江已进入枯水期，水位下降，本已十分凶险的三峡航道此时更为艰难。几千吨的物资逆流而上，船行缓慢时，不用动员，工人们会主动跳到江里，帮助推船或者上岸拉纤。长江的水寒冷刺骨，工人们光着膀子，打着赤脚，用上海、南京、湖北和四川等地不同的口音，整齐划一地喊着劳动号子，将重载的船一寸一寸拖过岸滩，脚上磨破了泡，肩上磨破了皮，大家毫无怨言。在三峡航行时，一旦遭到敌机轰炸，根本不可能迅速躲闪，就在金陵兵工厂运输的船只行至万县时，日军轰炸机穿过云层，投下重磅炸弹，直接击中了运主机的木船，木船被炸翻，两部主机沉入江里，工人们不顾自身安危，立刻跳入江中

工人们顶风冒雪抢运西迁厂矿企业的机器和物资

抗战内迁中纤夫拉纤过滩场景

打捞设备，因为这些设备是恢复生产的希望，是他们的命根子。

除了头上敌机的轰炸，还有船只触礁的危险。船行至巴东时，有两只装载紫铜料的木船触礁沉没，工人毫无怨言地与当地民众一齐将器材物资打捞起来，继续西行。抗战到底的决心促使他们迸发出强大的力量，躲过了日军飞机的紧密追击，克服了运输条件的重重阻碍，在李承干带领下，于1938年3月圆满完成了西迁任务，为抗日战争保存了核心的军工力量。

西迁路上，职工家属也同样辛苦。因为出发时船只有限，只够运送机器和工人，全厂500余名职工家属只能自行离开南京，工厂仅能发放给每个职工10元钱，让其设法赶赴汉口，再集中组织西上重庆。虽然从南京到重庆原有汽车通行，但由于当时逃难的人太多，道路拥塞，而所发的路费并不够坐车，家属们只得背上包袱，牵着儿女，硬是一步步地从南京一直走到了重庆。

斗，当月即生产了40挺马克沁重机枪。如此速度完成工厂西迁，并率先复工生产，以至于当时兵工署署长俞大维难以置信，后亲临厂里巡视，才疑团尽释。

兵工署署长俞大维

在烽火遍地、满目疮痍的战争环境下，大批工厂将数以万计的机器设备、材料物资和数万名职工内迁至地处西南的重庆，并渐次恢复生产，是一项极端艰难复杂的浩大工程。在西迁的兵工厂中，金陵兵工厂的西迁和复产进度最快、损失最小，且生产成绩最为显著，在大后方传为佳话。这是中国兵工战线上坚决抗击日本侵略者的一个突出事例，表现了金陵兵工厂全体职工高度的爱国热情和战胜一切艰难险阻的顽强意志。

十一 开工第一，出货第一——勇挑供给抗战军火的重担

内迁重庆后，根据兵工署的安排，第21兵工厂通过接收、移交和整合，先后接纳了13个友厂和单位，同时为了增加生产，在云南安宁县和四川綦江县建立了分厂，规模不断扩大。

1938年7月，21厂接收了汉阳兵工厂步枪分厂1000多名职工及300多台机器。经过妥善安排，次年1月步枪厂开工，增设了7.9毫米步枪生产线，每月生产步枪数量从最先的六七千支，逐步提高到上万支。1939年1月，21厂接管第20兵工厂轻机枪厂，生产捷克式轻机枪；同年3月，接收兵工署从德国购得的一批制造炮弹的半自动设备；4月，接收了重庆武器修理所，并将其合并于轻机枪厂内。1940年10月，21厂接收第11工厂设在巴县铜罐驿的动力厂，主要设备有1250千伏安蒸汽透平发电机2套，445马

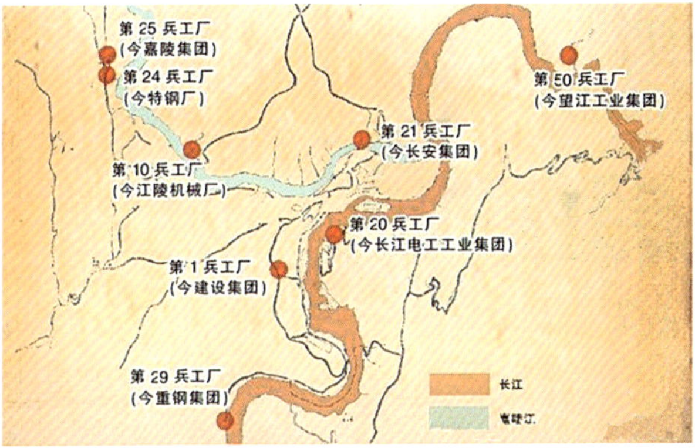

抗战时期重庆主要兵工厂分布图

力柴油机 1 台。1945 年 4 月，21 厂接收设在重庆白沙沱的兵工署废品整理工厂，改为火工所。1945 年 7 月，21 厂接收由第 20 工厂代管的兵工署材料储整处。

在接收友厂的同时，21 厂也在不断扩大规模。1939 年 1 月，21 厂在接收第 20 工厂轻机关枪厂后，又奉准增设步枪厂、轻机关枪厂，员额编制共 77 员。1940 年 7 月，在渝各兵工厂厂长临时会议，决定将 21 厂三个重要部分（工具、轻机枪、迫炮）立即疏散，以避空袭。开始议定迁鹅公岩，后有决议利用成渝铁路山洞隧道，改迁铜罐驿。1940 年 9 月，兵工署将第 11 厂在铜罐驿所有山洞隧道及新建厂房、人员、机器设备等都拨给 21 厂接收。1941 年 2 月，三个厂陆陆续续迁装完毕，3 月 1 日大部复工。

同时，为了抗战的需要，21 厂还建立了两个分厂。

抗战时期第 21 兵工厂机器厂工房

1939 年 3 月，为增加军火生产支援前线，21 厂接收兵工署从德国进口的炮弹专用设备，在云南省安宁县始甸村筹建安宁分厂。1940 年 11 月安宁分厂成立。1941 年 11 月，该厂开始生产 82 毫米黄磷迫击炮弹和四号甲雷。1944 年 11 月，21 厂接收设在四川綦江县赶水镇张家坝的第 40 工厂，改编为 21 厂綦江分厂，生产枪弹及 82 毫米迫击炮弹。

经过接并、扩充，到抗战胜利时，21 厂设有步枪厂、重机枪厂、轻机枪厂、重迫击炮厂、迫击炮厂、修枪厂、修炮厂、炮弹厂、火工厂、机器厂、动力厂、工具厂、铁厂、木厂、器材厂等生产厂和热处理所共计 16 个生产单位，总厂职工已增加到 9449 人，连同分厂，共计 14349 人，拥有机器设备 3500 台，主要产品 19 种，成长为当时国内规模最大的兵工企业。

然而，自 1938 年开始复工以来，21 厂都是在极端艰难困苦的环境中发展生产和不断扩大工厂规模的。特别是日军飞机对重庆市的狂轰滥炸，对工厂的发展产生了巨大的威胁。抗战全面爆发后，日本一方面派军队对中国进行疯狂的军事进攻，一面又连续数年对中国的大后方，特别是战时首都重庆进行狂轰滥炸。当时位于重庆江北的 21 厂是日本侵略者轰炸的重点目标。

第 21 兵工厂手榴弹生产现场

◎小贴士

重庆大轰炸：指中国抗日战争期间，由 1938 年 2 月 18 日起至 1943 年 8 月 23 日，日本对中华民国战时首都重庆进行的长达 5 年半的战略轰炸。据不完全统计，在 5 年间日本对重庆进行轰炸 218 次，出动 9000 多架次的飞机，投弹 11500 枚以上。重庆大轰炸的死者达 10000 人以上，超过 17600 幢房屋被毁，市区大部分繁华地区被破坏。这是继德国在 1937 年 4 月西班牙内战中对格尔尼卡（Guernica）平民实施轰炸之后，历史上最先实行的战略轰炸。

据不完全统计，仅在1940年和1941年日机对重庆惨绝人寰的大轰炸中，21厂遭受轰炸、骚扰14次，敌机投弹数百枚，厂房和机器设备因轰炸而造成的损失达800万元，7名职工殉难，36名职工及家属被炸伤。面对此种暴行，厂长李承干极为愤慨，他喊出“开工第一，出货第一”的口号，慷慨激昂地说：“敌人炸了厂房我们再盖新的，只要人还在，我们总要想办法复工，因为前线战事急迫，抗战需要我们！”

当然，李承干也不是让大家一味冒险。厂里开挖了防空洞，安装了防空警报，一旦有飞机轰炸，大家就躲进防空洞。厂里重要的厂房车间、大型设备均独立分布，相隔较远。这样，一旦某间厂房被炸，其他厂房不受影响，可

日军轰炸机轰炸重庆后的场景

以继续生产。厂里还备好木材、工具，房子被炸垮，飞机一飞走，立刻重建。

得益于这些措施，处在大轰炸中的21厂的产量不仅没有减少，反而较先前有很大幅度增加。从1938年3月恢复生产到1945年抗战结束，21厂生产中正式步枪86500支，汉阳式步枪206864支，捷克式轻机枪9491挺，马克沁重机枪18068挺，启拉利轻机枪342挺，82毫米迫击炮7611门，82毫米迫击炮弹3212252发，82毫米黄磷迫击炮弹171700发，黄磷手榴弹311500枚，120毫米迫击炮49门，120毫米迫击炮弹3288发，81毫米迫击炮弹219820发，TNT炸药包2060000个，手枪信号弹255000发。

第21兵工厂生产待运的步枪

21厂生产的武器弹药源源不断地补充给前线部队，满足了对日作战的需要，而且超额完成兵工署下达的任务目标，成为战时后方首屈一指的综合性兵工厂。抗战烽火中，这个当时后方最大的兵工厂生产的武器弹药约占全国兵工厂武器总产量的60%以上，单是步枪每个月的产量即可装备一个师。同时，其技术、产品结构不断改进，特别是在枪、炮、常规弹药生产和革新方面，成绩斐然。如汉阳式步枪改为中正式、轻重机枪零件互换性能的改进、120毫米迫击炮的研制投产等等，都为杀灭敌寇增添了力量。

为了褒奖21厂在战时兵工生产方面的杰出贡献，自1939年至1944年，国民政府曾先后给李承干颁发4枚奖章和勋章。国民政府还都南京后，蒋介石在一次军事会议上谈到战时军火生产的重大贡献时说：“八年浴血抗日战争，艰苦备尝，我们的兵工厂支援了十大战区、320万部队所需的武器、弹药供应，俞大维领导的兵工厂，

在21厂留影的李承干。

左图为 1948 年颁发的 21 厂复工 10 周年纪念章，
右图为 1945 年 11 月颁发的 21 厂抗战胜利纪念章

尤其是第 21 兵工厂李承干厂长及全体员工们，对国家的贡献是无法估计的，应予传令嘉奖。另俞大维署长及李承干厂长从优叙奖。”抗战胜利后，中国工程师学会还为李承干颁发了金质奖章，在中国曾获此殊荣的有詹天佑、茅以升等著名工程技术专家，李承干是获此奖章的第八人。

十二 马克沁重机枪生产记

马克沁重机枪，中国早时称赛电枪，该枪为英籍美国人海勒姆·史蒂文斯·马克沁（Sir Hiram Stevens Maxim）于1883年（光绪九年）发明，1884年获得专利，是世界上第一种真正成功以火药燃气为动能的自动武器，是最早的一种管退式自动机枪。

据说1882年，马克沁赴英国考察时，发现士兵射击时常因老式步枪的后坐力，肩膀被撞得青一块紫一块。这说明枪的后坐力具有相当的能量，这种能量来自枪弹发射时产生的火药气体。马克沁由此产生灵感，从

马克沁与他发明的机枪

人们习以为常、熟视无睹的后坐现象中，为武器的自动连续射击找到了理想的动力。

1888 年，马克沁在测试机枪的性能

马克沁在 1883 年首先成功地研制出世界上第一支自动步枪。后来，他根据从步枪上得来的经验，进一步发展和完善了他的枪管短后坐自动射击原理。他还改变了传统的供弹方式，制作了一条长达 6 米的帆布弹链为机枪连续供弹。为给因连续高速射击而发热的枪管降温冷却，马克沁还采用水冷方式。1884 年，马克沁制造出世界上第一架能够自动连续射击的机枪，每分钟射速达 600 发以上。

该枪在试制阶段时，清政府即对这种威力巨大的新式武器表现出了浓厚的兴趣。1884 年，马克沁在英国举行了自动步枪问世的发布会，各国均有代表出席会议，中国也派了洋务运动的重要人物李鸿章出席。当时表演的是速射，机枪在半分钟内一口气打出了 300 发子弹，并将一棵大树击断。李鸿章大开眼界，连声感叹：“太快了，太快了！”但是当时正值中法战争，积贫积弱的清政府没有给李鸿章多少可以调用的银子。李鸿章虽然希望自己筹建的新式军队也能有这样的武器，可是当他发现这样的枪会消耗大量

李鸿章（右二）与马克沁重机枪及被马克沁重机枪击断的大树

子弹后，也不得不感叹：“太贵了，太贵了！”

贵是贵点，但好东西的诱惑终究挡不住。1888 年，马克沁重机枪就由金陵制造局开始引进仿制，从此中国开始进入重机枪的制造时代。由于当时该枪尚在雏形，使用黑药铅弹，经仿制后发觉不太适用，仅生产了 30 余挺，于 1893 年停造。1914 年，金陵制造局按德国 1899 年式马克沁重机枪重新仿制。此时该枪已使用无烟药枪弹，1915 年做出样枪并送北京试验，获得好评，陆军部令“多加仿造”，但因当时经费无固定来源，至 1922 年停止生产，共生产 300 多挺。

1924 年金陵制造局又根据德国较新的马克沁机枪图纸进行生产，并购买新式热处理炉两座、擦膛机一台、深孔钻和拔丝机各一台，以及枪管校直压力机等，改进了枪管内膛加工和校直，完善了枪件淬火、渗碳等工艺。机枪正

北洋军阀在用马克沁重机枪进行军事演习

规生产线基本形成，质量有所提高，生产能力逐年增加，至 1931 年月产达 35 挺。

1934 年 8 月 23 日，中国财政部长孔祥熙与合步楼公司在庐山的牯岭签订了《中德原材料及农产品与工业及其他产品互换条约》，又称“合步楼条约”，中国开始用钨砂、锰砂等战略性原料和农产品换取德国的工业产品，尤其是军需品。在这个“中德合作”的黄金时期，国民政府下属的金陵兵工厂从德方取得了德国 MG08 式水冷马克沁重机枪的设计图纸，随即按图纸开始仿制。1935 年，金陵兵工厂成功仿造了 MG08 式马克沁水冷重机枪。因这年是民国二十四年，故命名为二四式重机枪。

二四式马克沁重机枪自动方式为枪管短后坐式，冷却方式为水冷式，发射 7.92 毫米子弹，由 100 发或 250 发帆

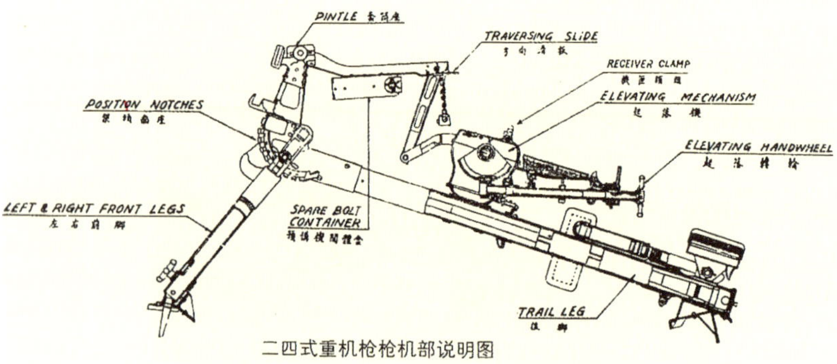

金陵兵工厂产二四式重机枪枪机部说明图

布弹链供弹。理论射速每分钟 600 发，有效射程 1000 米，枪长 1197.55 毫米，枪身重 20 公斤，枪架重 29 公斤，全枪重 49 公斤（不加水时）。马克沁重机枪是中国军队在抗战时期配备的主要制式重机枪，它与 ZB-26 捷克式轻机枪一起，成为抗战史上中国军队的主要自动武器。

1943 年，21 厂又开始对马克沁重机枪进行改进，增加了练习弹枪口罩、高射和纵扫射等装置，改良了击火与保险装置和三脚架，至于其他各种零件的尺码公差与材料规格，均采用德国式的机枪，并选用上等钢材，提高了各机件的精密度，以便提高使用年限。为此，李

二四式重机枪顶盖兵工署徽、21 厂厂徽及序号

承干特指示工具厂制造刀具和样板，以保证机枪零件制造的精密度，同时进行严格检验。后来，李承干又指示重机枪厂主任邵焌督促该厂职工在生产过程中严格按照规定，务使枪栓内部各零件均能互换使用。1944 年，21 厂开始生产这种经过改进后的新产品。改进后的马克沁重机枪的性能较原品种有明显的提高，李承干把这次对重机枪的改进称之为“空前的改革”。

水冷式重机枪的优点是原理简单，机枪结构灵巧，机件坚固，经久耐用，使用起来得心应手，因此曾经长期在我国军队中使用。但是它也有致命缺点，就是其使用时必须注入冷水来冷却枪管。据说张灵甫整编七十四师在孟良崮战役中被全歼，其中一个原因就是当地无水，导致军中水冷式重机枪很快不能使用，因而火力大减。

抗战时期中国军队的马克沁重机枪阵地

1944 年，21 厂重炮厂近 100 名职工参加研制 120 毫米迫击炮

1945 年，21 厂组织了对马克沁水冷式重机枪改为气冷式重机枪的研究，在重机枪主任吴均惠的主持下设计新枪管及其他枪件，1947 年兵工署交下气冷式机枪草图作参考，进行试制，于同年底完成两挺样枪。该枪保持了原枪的射击性能，全重由水冷式的 49 公斤减轻至 31.75 公斤，可一人肩背运输，提高了机动性，得到了国防部的表扬和兵工署的奖励。

马克沁重机枪只是 21 厂在抗战时期进行武器技术改进的一个代表。在整个抗战时期，21 厂非常注重武器的改良和新品种的制造，并取得了相当显著的成就。除了马克沁重机枪外，1943 年 10 月，21 厂历时三年将汉阳式步枪改造为中正式步枪，并于 1944 年批量生产，月产量达到 7000 支。同年，在轻机枪厂主任过静宜和工程师李耀普等人的努力下，ZB-26捷克式轻机枪实现标准化生产，各零件可以互换，使用甚为灵便，能立射、跪射、卧射，敌机在低空飞行时也可用此枪高射。1944年，21厂又设计制造了12公分迫击炮和炮弹。

此外，21厂还对本厂1931年开始制造的82迫击炮进行多次改进，对二战中出现的火箭弹、卡宾枪等新式武器开始筹备试制。可以说，全面抗战八年是21厂不断掀起轻兵器技术革新高潮的八年。他们对轻兵器的改良与试制工作，不仅提高了多种兵器的质量，增强了国防力量，也使得中国轻武器生产水平提升到一个新的高度。

◎小贴士

中正式步枪：中正式步骑枪为德国标准型毛瑟步枪的中国版本，使用7.92毫米尖头形毛瑟步枪弹，正式名称为中正式步骑枪，最早在1935年由巩县兵工厂（兵工署第11厂）组织生产，以取代国民革命军所装备的汉阳八八式步枪，因蒋中正而得名。1940年，21厂奉令改造中正式步骑枪。1943年10月，21厂开始生产中正式步骑枪后，数量迅速增加，两年之内即成为中正式步骑枪的最大生产厂。从生产的角度而言，中正式步骑枪是中国近代第一种制式步枪。

十三 以厂为家——既要搞好生产，也要搞好生活

李承干非常推崇曾国藩，他说：“曾文正最能从实际事物中过生活，从日常生活中求知识，他以将帅兼师友，以幕府为学校，所以他得人帮助。”李承干也希望21厂全厂同仁“不分彼此，视厂里全体职员、工友、士兵、夫役如一家的父子兄弟，应该休戚相关，患难相助”，就是要“以厂为家”。李承干是这样想的，也确实是这样做的。

李承干与21厂职工共同演唱厂歌

搬迁到重庆的21厂在生活上面临的首要问题就是职工的住宿和吃饭问题。为解决住宿问题，在李承干带领下，厂

里先后修建了“金工邨”“宁和邨”“复兴邨”“金陵邨”等十几个宿舍区。这些宿舍区都以“邨”命名，工人和职员混住在每个“邨”里，房屋的规格和结构都一样，只是员口多的职员的家属宿舍要多一间。同时，为了方便员工吃饭，厂里还建了大大小小一系列食堂，除第一子弟小学校长贾逸孚建造的一次可容纳数千人进餐的大食堂外，其余的食堂都设置在生产或办公单位的附近，如总厂有一个职员食堂，因为那里是总厂办公厅所在地，故而总厂办公厅的职员大多在那里就餐；而步枪厂内的食堂、修枪厂与机器厂结合部的食堂，则职员和工人均可搭伙。

对于其他生活必需品，厂里分定期分售、不定期分配

◎小贴士

李承干（1888—1959）：字直卿，长沙人。留学日本东京帝国大学，1917年回国，任湖南省长公署实业科长兼技正、湖南电灯公司工程师。1920年任汉阳兵工厂电机课长兼兵工学校教官。1922年任福州电气公司工场部部长。1929年后转入军事工业，历任九江兵工试验厂厂长、金陵兵工厂工务处长、厂长兼兵工署副署长。1948年任永利化学工业公司协理兼永利铔厂厂长。1949年以后，出席全国第一次自然科学工作者会议。1951年加入民主建国会，任该会中央常委，次年任国家预算委员会副主席。1954年任国家计量局首任局长。

1939 年修建的第 21 兵工厂炮弹厂

与自由购买三种。定期分售是通过厂里设的员工消费合作社，主要提供布匹、成衣、油盐、燃料、食糖、火柴、鞋袜、肥皂、牙刷及其他一切日常用品。此外，为满足员工生活需求，厂里还委托一些商人在住宿区设有摄影室、菜市、肉市、茶社、理发等部门。至于浴室，最大的在第一子弟学校内，一次可容上百人使用，此外总厂办公厅大院内和别的地方也有浴室，无论职员或工人均可使用。

医疗卫生方面，厂里尽可能建立完善的医疗体系。工厂于 1940 年在距厂区 10 公里的红土地藕塘湾建金工医院，供全厂员工看病之用。金工医院设置了 300 张床位，对于员工就诊，一律免费，眷属仅酌情收费。由于距厂区较远，厂里不惜花费巨资架设输电线路和埋设自来水管，在医疗器材和药品的采购方面也都是采用高档的，且广为罗致后

金工医院

21 厂职工肺结核疗养院

方高级医师和护理人员，还聘请了重庆市宽仁医院院长曾定夫、留学德国的医师刘夕惕等为顾问，每周来医院会诊，解决疑难病症的治疗问题。同时，鉴于有的厂区比较分散，除了藕塘湾金工医院的总部以外，还分别设有铜罐驿分诊所、黄泥湾分诊所、技工学校医务室等。

厂里还很注重员工的体育锻炼，建设有较为便利的运动休闲娱乐设施。1938 年 3 月复工开始，厂里就着手在总办公厅附近集中建立大食堂、职工俱乐部和第一子弟小学。职工子弟小学里面有一个三合土铺成的广场，广场边上一排平房是职工俱乐部，东头是茶社，出售茶水、零食和橘子汁等饮料；西头是乒乓球室，里面有十几张乒乓球台。子弟小学对面的木厂里设有职工消费合作社，大食堂的西南建有配有灯光的金工篮球场。

1941 年太平洋战争爆发后，日本对重庆的轰炸减少，厂里又在步枪厂后门通向修枪厂、工具厂和技工学校的一个较为开阔的地带，修建了具有 400 米环形跑道和足球场

抗战时期 21 厂文化娱乐中心的全景图（其中有足球和田径运动场、露天游泳池、溜冰场、中山图书馆等）

的标准运动场，并在背面修建了一个可容纳数千人的露天剧场。在剧场的背面，建了一个长 50 米、宽 25 米，深水区最深处达 2.3 米，并有一个高跳板和两个低跳板的游泳池，后来又在游泳池外面修了一个旱冰场。大操场的西南是可供职工休憩的宁和花园和茶社。

为了丰富员工的业余生活，工厂有计划地组织各种比赛和活动，其中最出名的就是一年一度的运动会。1939 年 3 月 1 日，为了庆祝复工一周年，厂里在嘉陵江边的沙滩上举行了全厂职工田径运动会，运动会举行了两天，300 多

21 厂为职工子女修建的宁和中学教学大楼

名职工参加了11个项目的田径比赛，其中重机枪厂工人李兆金是跳高冠军，成绩是1.58米，百米赛跑冠军的成绩是12秒。从此以后每年的9月9日至11日，厂里举行运动会，全厂停止工作，各中小学也放假，并且把9月9日定为体育节。游泳比赛也是员工的经常赛事，从1942年到1948年，21厂的金工游泳队连续七年蝉联重庆市游泳比赛团体冠军。除运动外，为适应需要，厂里还组织有评剧、象棋、电影放映等消遣娱乐活动。

在这些业余文化生活中，最值得一提就是评剧社。21厂评剧社第一次彩排在1935年10月，此后评剧社每年都会彩排20余次，角色甚多，大家只图欢聚，不计工拙，所以倍觉亲切与高兴。在迁到重庆之后评剧社继续活动，

抗战时期兵工厂员工组织的篮球队

共有 60 多名演员，4 名专职教师，剧社还在节假日演出过《群英会》《失空斩》《打渔杀家》《生死恨》《凤还巢》等 60 多出戏。

另外，棋王谢侠逊与 21 厂的故事一时也传为美谈。1943 年，李承干与棋王相识，邀其来厂，棋王住厂二楼招

抗战时期兵工厂工人组织的话剧社

抗战时期第 50 兵工厂员工组织的京剧团

抗战时期兵工厂工人下班后在茶馆摆龙门阵

待所，厂部找步枪厂工人王子明、刘元兴，木厂工人韩子良，办公厅职员余森、钱九皋等与棋王对弈，先两轮10盘，棋王全胜。后一轮，让韩子良二先，钱九皋三先，5盘棋又是棋王占先。对弈后，棋王又摆出一盘残局，尽心指点。随后棋王经常来厂里观看表演和传授棋艺，职工在丰富业余生活的同时，也受益匪浅。

◎**小贴士**

谢侠逊（1887—1987）：中国近代著名象棋大师。浙江温州人，1918年，在上海力挫群雄，获全国象棋个人冠军；1928年被推为全国棋坛总司令，称“中国棋王”。1929年至1931年，三次国际象棋大赛中，连连夺冠。抗战期间，作为国家特使赴南洋诸国，以弈棋宣传抗战，募捐支持抗日，并动员3000余华侨青年归国投身抗战，为我国民族解放大业作出了贡献。

在“以厂为家”的理念引导下，李承干苦心经营，始终把具有数万职工和家属的工厂组织得像一个和谐的家庭。所以，在整个抗战时期，21 厂基本上没有发生大的风波，而是顺顺畅畅地不断向前发展，为争取抗战的最后胜利作出了巨大贡献。同时，这种“以厂为家”的理念也得到了全厂职工的认可和拥戴，使 21 厂在战时首都重庆形成了一个独具特色的小社会，惠及了全厂职工及其家属，成为抗战时期兵工界绝无仅有的现象。

十四 俞濯之——从温文尔雅的留学生到沉稳干练的厂长

1936年秋季，李承干收到一封来自上海一个并不熟悉地址的信，信封上字迹工整而有力，李承干拆开一看，原来是一封自愿来金陵兵工厂工作的自荐信。写信的人叫俞濯之，现年28岁，英国伯明翰大学机械系留学生，1933年毕业后受聘于英国雪菲鲁特特殊钢具厂，被派赴上海信昌机电工程公司任工程师，至今已工作了三年。

青年时代的俞濯之

李承干饶有兴味地阅读着这封信，并思虑着，上海信昌机电工程公司是个外资企业，这个留学生在那里当工程师，工资不低，上海又是个许多高级技术人员向往的地方。这位小伙有着这么一份令人羡慕的好差事却要放弃，反而要跑到条件和待遇都比较差的老兵工企业来干什么呢？虽然怀有几分猜疑，李承干还是及时写了一封回信，邀请俞濯之来南京一晤。

过了几天，俞濯之如约而至。在金陵兵工厂的一个会客室里，李承干与其进行了亲切的交谈。当时俞濯之西装革履，温文尔雅，一派绅士风度，与兵工厂的风格格格不入。俞濯之讲述了自己的学历和经历，并谈了在英国读书时就听到过有关金陵兵工厂和厂长李承干先生的传闻，回国这几年，知道的有关金陵兵工厂的事就更多了，自己同样怀有实业报国的夙愿，觉得老是在外资企业跟着洋人转不是滋味，于是动了到南京金陵兵工厂跟着李承干一起来振兴国家工业的念头。李承干始终专注地听俞濯之的讲述，表示热忱欢迎他到金陵兵工厂来，但是压根不谈将给他一份什么工作，只是要俞濯之进厂后到处看看。

抗战时期在 21 厂任职的俞濯之

俞濯之就这样进了金陵兵工厂。奇怪的是，俞濯之在厂里各处转悠了三个月，李承干仍然不对他谈工作问题，只叫他写观后感。李承干看了俞濯之的观后感之后，才对他说：“并非我们这里不需要你这样的人才，而是我们这里待遇不高，工作艰苦啊！”原来李承干让俞濯之在厂里坐了三个月的冷板凳，是让他对厂内情况有一个较全面而深入的了解，同时也是让他对在金陵兵工厂工作下最后的决心。

面对李承干的这个问题，俞濯之坦然而明确地表示：“我不是为待遇来的，厂里再苦我也不怕。”这时的俞濯之已经同初见李承干时有了很大改变，虽然一头黑发仍然梳理得很整齐，但笔挺的西服已经改为与厂里职工同样的布衣工作服。李承干这才正式同意俞濯之进厂工作。

俞濯之刚在工厂工作半年时间，1937 年 7 月，就被借调到铁道部设在南京浦口的浦镇机车工作，9 月 21 日被铁道部紧急派往美国洽购设备。这时抗日战争已经爆发，俞濯之本想立即回厂与全厂职工一道加紧生产武器供应前方将士杀敌抗战，无奈铁道部不许，且限其三天内必须赴香港转机去美国。临行前他回到金陵兵工厂向李承干道别，并达成 6 个月后回厂的口头协议。

俞濯之到美国后，由于抗战形势急剧变化，铁道部在江南、华东和华中地区的工厂大多被日本侵略军所侵占，故而铁道部购置设备的款项迟迟未能汇往美国，所以洽购设备之事一直没有结果。在这种情况下，俞濯之更急于想回国。恰在这时，金陵兵工厂已经迁到重庆大半年了，且更名为第 21 工厂，工厂规模不断扩大，正缺人手，故发电报催俞濯之回厂，而且派人去香港为其安排好转往重庆的路线。

在这种情况下，俞濯之毅然回国，由美国借道香港，于 1938 年 10 月间回到第 21 工厂任工程师。这时正是厂里用人之际，俞濯之一回来就被派往重要的工作岗位，1939 年 12 月 9 日，李承干任命俞濯之为轻机枪厂主任。俞濯之上任后的第一件事就是接收第 20 兵工厂的轻机关枪厂，这个厂原本是四川军阀刘湘开办的，有员工 600 人，以制造启拉利轻机枪为主。当时厂内管理制度很不健全，情况复杂，厂纪厂风很坏，厂里既有进步团体，又有帮会组织、偷盗吸毒者，因此刚接手时可谓百废待兴。

俞濯之到轻机枪厂后，首先是清除了赌徒和鸦片鬼，

第 21 兵工厂捷克轻机枪生产现场

劝他们离厂。对宣传抗日者积极支持，表示愿意与他们合作，但要求他们注意策略和方法，避免与警察发生摩擦。经过一系列整顿之后，轻机枪厂的厂风厂纪状况大大改观，原来的乱象不复存在，职工们的生产积极性大大提高。到1940年10月，在俞濯之主持下，ZB-26捷克式轻机枪试制成功，兵工署特地从第一批产品中选出6支，送往瑞士参加比赛和展览。

就在一切工作平稳推进之时，轻机枪厂主厂房却遭到了炸弹碎片的破坏。为了安全，总厂接兵工署指示，决定将轻机枪厂、迫击炮厂、工具厂迁往铜罐驿，派俞濯之负总责，任铜罐驿办事处处长。铜罐驿的厂址是世上少见的一条5000米长的未完成的成渝铁路的路基，厂房就建在东西向依次排列的三个隧道和山腰上的山洞中。这样的隧道和山洞厂房非常适合预防空袭。这里实际上是一个分厂

士兵们正在使用21厂生产的捷克轻机枪

的规模，有职工 1200 多人，机器设备也是 21 厂的精华。

不过，因为之前有第 1 兵工厂造成的血的矛盾，俞濯之刚去铜罐驿时，当地人仍然颇有戒心。为搞好关系，俞濯之去之前就宣布了“约法三章”，到该地后又首先拜访当地官绅，请他们支持，并表示愿为乡民谋福利。当地居民以种植稻谷及柑橘为生，乡里满山橘林，山下凹地都是稻田。为了保护种植不受损伤，21 厂建房选地尽量避开橘林和稻田，把工作用房及职工宿舍都建在橘林和稻田之间的半山腰中。这对建房、工厂工作和生活都有些不便，但博得了乡民们的欢迎。工厂迁入后，不但不扰民，还给农民提供了许多就业机会，周边

第 10 兵工厂建的山洞厂房

◎小贴士

铜罐驿矛盾：铜罐驿原为兵工署第 1 兵工厂筹建处，第 1 兵工厂本打算利用成渝铁路隧道和山腰上的山洞为基础建厂，因与当地农民关系紧张，竟激化成互相残杀，实在待不下去，只好撤出。随后，兵工署就把这个残缺不全的厂址交给 21 厂使用。

更加繁荣，因此军民相处颇为融洽，一时得到兵工署嘉许，经常在大小会议上作为军民和睦相处的典范进行宣讲。

1945 年 7 月，李承干将铜罐驿办事处处长俞濯之调来总厂，担任主任秘书一职，使其充当自己的主要助手。此时李承干已经有意在培养俞濯之接任下一任厂长的职务。1947 年 3 月，经兵工署批准，李承干辞去 21 厂厂长兼职，兵工署同时决定由俞濯之升任代理厂长。1948 年 5 月，俞濯之正式升任厂长。

此时的俞濯之虽然年纪轻轻，但已经非常沉稳干练。在他接任厂长的三年中，正是解放战争不断发展、时局急剧动荡之时，他严格遵循老厂长的治厂理念，对老厂制定的一切规章制度、经营方针和职工福利措施，仍然一如既

1981 年，当选中国兵工学会第一届理事会秘书长的俞濯之

往地坚持执行，对李承干离任前的人事安排，未做任何变动，使 21 厂平安度过特殊的艰难时期，并最终完整地将其交到新生的人民政权手中。

◎**小贴士**

解放战争：也称“第三次国内革命战争”，是 1945 年 8 月至 1949 年 9 月中国人民解放军在中国共产党的领导下，为推翻国民党统治、解放全中国而进行的战争。1947 年 7 月，解放军由战略防御转入战略进攻，接着连续进行了辽沈、淮海、平津三大战役，基本上消灭了国民党军主力。1949 年 4 月，解放军横渡长江，解放南京，宣告了国民党统治的覆灭。1949 年 10 月 1 日，在解放军向全国进军途中，中华人民共和国在北京宣告成立。到 1950 年 6 月，残存在东北、华东、中南、西南、西北战场上的国民党军被全部歼灭，仅有少量逃往台湾。1951 年西藏和平解放。至此，解放军完成了解放中国大陆和近海岛屿的任务，中国人民解放军取得最终胜利。

十五 黎明前的护厂斗争

解放前夕的重庆，经济崩溃，物价飞涨，人民生活得不到保障，各兵工厂也由于经费短缺，处于苦撑状态。随着国民党政权日益临近灭亡，军警、特务加紧了对兵工厂的破坏，企图在人民政权建立之前，把中国的一切工业基础，特别是兵器工业来一个彻底的大破坏。当中国人民解放军胜利进行了辽沈、平津和淮海三大战役后，国民党对兵工企业的破坏活动就进一步加紧了。

解放前通货膨胀严重，货币贬值

1949 年春，国民党军警特务的魔掌一步步伸进了重庆地区的各兵工厂。21 厂是当时中国最大的兵工厂，自然首当其冲。1949年春，国民党当局下令把重庆兵工厂的主要设备迁往昆明，其目的是借搬迁之际，将当时中国仅有的一点制造轻武器的精华设备全部毁掉。21厂的步枪、轻重机枪、迫击炮、炮弹引信、热处理、发电等设备都是重点搬迁对象。为了保护这些军工资源，厂长俞濯之和主任秘书唐凤鸣、步枪厂主任董黻才、工具厂主任葛庭芝、热处理及炮弹厂主任吴世泽等人商量对策，大家一致反对搬迁。于是他们就与重庆其他兵工厂负责人一起与兵工署派来的顶头上司展开激烈争辩，斥责搬迁方案的荒谬。

所幸兵工署派来推动这项工作的王国璋为人正直，又是工程技术人员，与俞濯之等人彼此有共同语言。经协商，

1949年4月23日，人民解放军占领南京“总统府”

他们一致认为军令难违，只有给上面出难题，才能使搬迁方案停止。于是，大家就抓住国民党当局经费和运输工具不足做文章，把运输吨位大大加码，从而加大运输工具及搬迁费用的需求量。这样，兵工厂设备搬迁昆明的命令就不了了之了，21 厂的重要设备暂时有惊无险地保住了。

1949 年 11 月，继解放军取得渡江战役胜利后，上海、杭州、武汉等大城市相继解放，湖南也宣布和平解放，重庆的门户南川和綦江也先后解放。此时，国民党加紧了实施由保密局制定的破坏重庆各兵工厂、发电厂和大屠杀的罪恶计划的步伐。21 厂的护厂斗争进入到最紧急阶段。

不过，早在 1948 年 8 月，中共川东临委接到钱瑛关于“保存力量、保护城市、迎接解放、配合接管”的指示后，就开始布置党员开展护厂护校斗争。1949 年 11 月，川东临委成立了由王尧弼、刘家彝、黄友尚组成的护厂领导小组，在此前后，中共重庆地下党组织负责人卢光特与 21 厂的地下党员赖宗瑜在临江门见了一面，研究决定由赖宗瑜专门做俞濯之的工作。

赖宗瑜是 21 厂职工，与俞濯之认识，并有一定的交往。1949 年 11 月 26 日，赖宗瑜来到俞濯之家里，明确表示是代表共产党来的，他对俞濯之说：“组织上很了解你，对你评价很高，只要你留下来保护好工厂，一定保证你的人身安全和现有地位。”俞濯之听说赖宗瑜是代表共产党来

中共上海局组织部长钱瑛

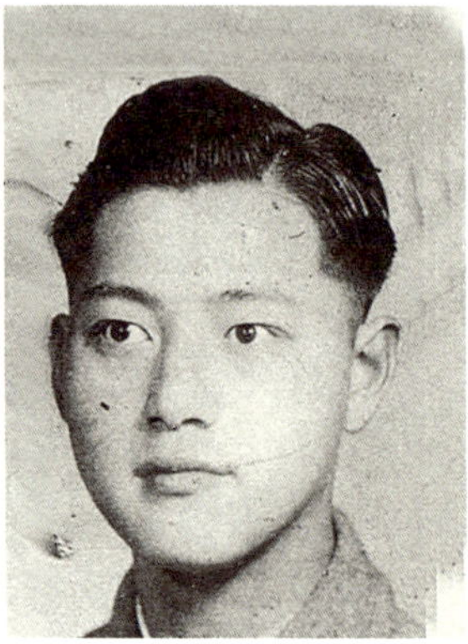
21 厂地下党员余祖胜

的，心中大喜，当即表示要留下来把厂保护好。自此以后，21 厂的中共地下党组织成员，多次主动与俞濯之取得联系，商议护厂办法。

为了应付可能出现的最坏局面，俞濯之和唐凤鸣、宋克谟、封祝、邵焌研究，把抗战时期厂里对付日本飞机空袭用的防护团用起来，通过防护团组织广大职工护厂。但是，预料之外的事情很快就发生了。1949 年 11 月 29 日凌晨 5 时许，稽查易泽夫带着六个国民党兵来到俞濯之家，为首的军官气势汹汹地说：“我们奉长官命令护厂，厂里警卫队早上 6 点以前全部撤出，工人也全部退出厂区。”说完，还取出盖有行政院长阎锡山和重庆卫戍司令杨森印章的几张纸片晃了晃。事发突然，俞濯之一时难以想出对付办法，预感到这是破坏工厂的前奏。

解放前夕，重庆市电力公司工人护厂队在大门口堵上沙袋和铁丝网，阻止国民党军警特务破坏工厂

由于交通封锁，21厂地下党组织和上级的联系中断，党组织派往21厂领导护厂斗争的人员，也因国民党封锁江面，无法到达江北，一切只能靠在厂人员的随机应变。很快镇定下来的俞濯之决定采取拖延战术与特务周旋。他首先提出厂区辽阔，上百个岗哨很分散，集合起来要几个小时，6点交防不可能，然后又提出要大队长下令才能集合队伍。拖到中午11点多，俞濯之为摆脱被特务控制在家的不利处境，提出去办公室商量。在去办公室路上，工人看到厂长被夹在几个特务之间，纷纷高声嚷嚷："厂长怎么被押走了？"特务们开始有点惊慌。随后不久，特务们又在办公室听到远处传来的炮声，更加坐立不安了，看到接防的事难以完成，便借故溜走了。

接防虽然没有完成，但特务的破坏活动并没有停止。当天傍晚，特务们炸毁了 21 厂在刘家台大板桥的火药库，霎时间，一道亮光冲天，一声巨响震撼山城，江水翻滚，刘家台附近几条街的房屋顷刻坍塌，又遭到被炸碎的山石的掩埋，许多家庭惨遭毁灭。

与此同时，国民党特务也向厂区各要害部门伸出毒手。特务们破坏的重要目标之一是重机枪厂。幸好那里的工人们早已严密设防，自动组织了护厂队，筑成三道人墙，从厂大门口起，层层守护，绝不允许特务进厂接近放置炸药的地区。面对工人的坚强防线，特务无计可施，终于在解放军进军重庆的密集炮火声中慌了神，只好各自逃生去了。

1949 年 11 月 29 日，国民党特务引爆 21 厂火药库，刘家台一带立即成为一片废墟

1949 年 12 月 9 日，解放后的重庆，工人们正在抢修兵工厂

1949 年，重庆市民在解放碑前欢迎解放军

在俞濯之率领的全厂工人的努力之下，21厂除了刘家台大板桥火药库被炸毁，新发电厂与工具厂遭到部分毁损外，其他厂区都得到了保护。12月初，中国人民解放军进驻厂区，全厂数万职工和家属欢天喜地迎接亲人。中国人民解放军首任进驻21厂的军代表熊杰到任后，俞濯之厂长与熊杰交接了工作。俞濯之作为原厂长将当时中国最大的兵工厂基本完整地交到新生的人民共和国手中，尽到了作为爱国者对国家、民族和人民应尽的职责。原21厂在重庆解放后不久成为新中国的国营第456厂，俞濯之被任命为第一任厂长。

◎**小贴士**

第60兵工厂：抗战胜利后21厂部分迁回南京旧址后重组的一个兵工厂。抗战胜利后不久的1945年10月，李承干派綦江分厂厂长孙学斌、工务处长虞绍唐、福利处长熊宇岑率领34人去南京接收日军占领下的金陵兵工厂。1946年3月，接收完毕，原金陵兵工厂暂定名第21兵工厂南京分厂，8月底改名为第60兵工厂，孙学斌为厂长。从此重庆的21厂和南京的60厂各自独立，都隶属于兵工署管辖。1948年11月，60厂的大部分机器设备和职工从上海迁往台湾高雄，剩余小部分人员和设备于1949年4月23日南京解放后被人民解放军接管。

十六　军转民：造车为民致富兴家

抗战胜利之后，当大家都沉浸在胜利的喜悦中时，以“实业兴国”为志向的李承干已经在考虑 21 厂未来的发展问题。考虑到战争结束，国家百废待兴，李承干提出 21 厂以后应以机器及工具制造为主，以武器制造为辅，使军事与民生相辅并进。岂料，抗战胜利后国共重庆谈判所签订的《双十协定》很快成为一张废纸，在不断的摩擦中，国共内战全面爆发。在这种局势下，李承干谋求 21 厂军转民、促进中国工业新发展的美好憧憬就此搁浅了。

中华人民共和国成立之后，随着国内局势逐渐稳定下来，1957 年初，中共中央提出“军民结合，学会两套本领”作为国防工业在和平时期的生产方针。同一年，中央兵工总局国营第 456 厂（即 21 厂）正式更名为国营长安机器

美国 CJ-5 吉普车

制造厂。改名后的长安厂按照中央指示和上级部门安排，除已投产的猎枪外，先后选定了机床、柴油机、吉普车和精密量具作为长期生产的主要民品。

在这次“军民结合”发展中，尤为值得一提的是吉普车的生产。1957 年 9 月，在资金不足、没有专用机床和模具的情况下，长安厂开始试制吉普车。按照美国 CJ-5 样车组织测绘设计，经过半年多的技术准备，四个月的试制，长达几个月的超负荷工

入朝志愿军装备了 152 厂和 456 厂生产的迫击炮和炮弹

参加1959年国庆10周年阅兵的“长江”牌46型吉普车

作，齐心协力的共同研发，日夜兼程进行全方位对比，1958年5月，长安厂终于拿出第一辆样车，然后发现问题，改进生产，当年就完成38辆的生产任务，这就是新中国历史上第一辆国产的吉普车——“长江”牌46型越野吉普车。

作为新中国第一辆自产吉普车，“长江”牌46型越野吉普车开创了我国汽车工业的先河。重1150公斤，最大载重量440公斤，乘员6人；同时有4缸4冲程汽化器式水冷发动机，排量2199毫升，最高时速115公里，100公里耗油13.7升，最大爬坡30度……“长江”牌吉普的各项数据，在中国汽车工业的历史上填补了多项空白。1959年，20辆“长江”牌吉普车被装上船运往北京，参加国庆10周年阅兵。随后，“长江”牌吉普还多次参与到国家的重要政治场合中，其地位和优异品质可见一斑。

到1963年，“长江”牌46型吉普车累计生产1390辆，其中绝大部分装备于解放军各部队中，为中国军队保驾护航。后来因为国际国内政治军事形势变化，工厂加强军品生产，弱化民品。1963 年底，上级指示，长安厂将自己研制的该车型图纸资料全部交付给刚筹建完毕的北京汽车制造厂，为北京吉普成为一代名车奠定了较高的起点。长安厂的军转民发展再次中断。

20 世纪 80 年代初期，随着和平与稳定成为时代主题，军品需求急剧下降，国内很多国防企业都面临着前所未有的困难。长安厂积极响应中央“军转民”的号召，再次开始了民品领域的艰难探索。

当时厂里成立了一个民品研究所，有来自车间的，也有技术部门的，十几号人专门负责开发民品。几年下来，长安厂在民品方面生产过缝衣服的绞边器、猎枪、纺织设备等，厂里的一个总工程师还设计出了石油钻头。当时嘉

我国第一代轻型军用越野车北京吉普 212

陵厂最先生产摩托车整车，长安厂就为它做配套，生产发动机。总的来说，品种五花八门，但规模都不大，无法从根本上解决万人大厂的生存问题。

嘉陵厂摩托车生产线

此时，有着研制“长江”牌46型吉普车经历，并积累了丰富经验的长安厂再次把生产中国人自己的汽车确定为发展民品的重要项目。但是，到底要做什么样的车？这成了有造车基础又有汽车情节的长安人面临的又一个难题。

一个偶然的机会，让长安人看到了曙光。1981年秋天，一年两度的广交会如期举行，长安厂派了民品研究所

第2届广交会展馆夜景

的兰祥义、杨明凡前往考察。来到广交会现场，琳琅满目的商品让两人目不暇接。长安厂到底应该学着造哪种车呢？两人揣着这个问题在广交会的展馆转了一圈又一圈，半天下来，好车倒是看了不少，德国大众、美国通用、日本丰田……可是，总觉着没有一款适合长安厂去学去造的车。

正在两人犯嘀咕之时，一辆擦身而过的小汽车吸引了他们的目光。两人追赶着跑了半天，终于追上这辆汽车。杨明凡和车主攀谈起来，询问车子的牌子、厂家、性能等，兰祥义则像抚摸自己的孩子一样，仔细察看每一个部位，

◎**小贴士**

广交会：又名中国进出口商品交易会，创办于1957年春季，每年春秋两季在广州举办，由商务部和广东省人民政府联合主办，中国对外贸易中心承办。是中国目前历史最长、层次最高、规模最大、商品种类最全、到会采购商最多且分布国别地区最广、成交效果最好的综合性国际贸易盛会，被誉为“中国第一展”。历经60余年发展，广交会加强了中国与世界的贸易往来，是中国企业开拓国际市场的优质平台，是我国外贸发展战略的引导示范基地。已成为中国外贸第一促进平台，是中国外贸的晴雨表和风向标，是中国对外开放的窗口、缩影和标志。

重庆长安铃木汽车有限公司

甚至不放过每一个缝隙。原来这是一辆日本铃木生产的微型汽车。这个微型汽车外形小巧、价格便宜，早就听说日本铃木车经济实用，尤其以小排量发动机的耐用性著称，这不正是长安要造的车吗？两人想法一拍即合，于是他们连夜撰写报告，向厂里汇报调研情况，建议学习制造日本铃木汽车。

厂里很快同意了两人的报告，并要求他们买两辆铃木汽车回来。与此同时，工厂决定立即组建汽车研究所，人员从各部门直接抽调，并设立了专门的办公楼。很快，厂里就集中了100多名技术骨干投入到汽车的研发工作中。历史总是在不经意之间悄悄改变，这一决策拉开了长安人生产微型汽车的序幕。

然而，更大的困难还在后面，长安厂对买回来的两辆铃木汽车全部测绘之后发现，日本汽车的技术远远超出了他们的想象，根本无法仿制。于是，经过研究，长安厂决

长安铃木第二厂冲压车间

定引进日本铃木公司的产品和技术。谈判是艰难的，双方在初步接洽之后，得知长安厂想引进铃木汽车技术的日方代表充满了质疑和不屑。日方代表提出了一个非常苛刻的条件：长安厂先行独立组装两辆样车，如果做得好，双方继续谈；如果不行，趁早作罢。

面对日方的轻视，长安人深刻意识到拥有自主技术能力是多么重要。他们暗自发誓一定要把样车弄出来，让日本人刮目相看。汽车的零部件是相当复杂的，比如加工仪表盘的过程中，用不得蛮力，要有大姑娘绣花一般的耐心，但当时的实际情况是，一帮男人围着一个大机器来回转，不知如何下手。不过，长安人并没有放弃，一点一点地抠，一点一点地凿，技术轮流上阵。

距离第一次谈判仅仅 8 个月，长安厂就把两台组装好的样车开到了北京。其中一台车的发动机是日本原装的，其他零部件都是中国的；另一台车的发动机是中国的，其他零部件是日本的。日方代表围着两辆样车，察前看后，试图挑出毛病。一番折腾后，日本代表满脸堆笑地感叹："就凭这两辆车，我们可以继续谈。"两辆样车不仅让日方对长安厂刮目相看，更增加了长安与铃木谈判继而合作的底气和筹码。

经过一系列艰苦卓绝的努力，1984 年，长安和日本铃木公司正式签订了技贸合作协定书，开展微型车和发动机项目合作，开始生产"长安"牌系列微型车。长安与铃木的牵手，使历时近半个世纪、历经三次挫折的长安厂终于完成了"军转民"的战略转折，为长安和铃木公司进一步合作奠定了基础。到 20 世纪 90 年代，长安在中国微型汽车市场占三分之一份额，由于国产率高，长安连续多年的

长安集团在全球分布研发中心

利润占微型车行业利润的 80% 以上。同时，正是由于微型车的诞生，长安厂通过自我积累，滚动发展，如今的产品谱系已经涵盖了微型车、轿车、商务车、SUV、中高端乘用车等。

而迁回南京的 21 厂，在 1949 年被人民解放军第二野战军接管后，改名为华东军械总厂。1952 年，华东军械总厂又与从山西搬迁而来的原黄崖洞兵工厂合并，成为国内首屈一指的迫击炮生产基地。1954 年，该厂正式定名为国营晨光机器厂。与长安厂一样，国营晨光机器厂从 20 世纪 50 年代，在完成军工任务的同时，就尝试开发民用产品。20 世纪 70 年代，该厂按照“军民结合”的要求，将航天

· 晨光机器厂时期的厂貌

地面加注运输车和金属软管技术应用于民用产品，生产出首批民用专用汽车和金属软管。

十一届三中全会以后，晨光厂秉承“以军为本，以民为主”的思想，以民用汽车和金属软管为牵引，大踏步地迈开了军民融合发展的步伐。在军品生产加注车生产线的基础上，调整形成改装车生产线；在原有军品软管生产线的基础上，分别从德国和美国引进金属波纹成型生产线；从美国引进生产波纹管补偿器的关键设备，组建了补偿器生产线；依靠自身力量，组建了掘进机生产线和金属艺术制像生产线。到 20 世纪八九十年代，基本上形成了车类、管类、金属艺术制像、压力容器和煤基掘进机等五大类民品系列。

在这五大类民品中，金属软管、波纹管、补偿器目前是国内规模最大、设备最先进、品种规格最齐全的；压力容器方面通过了一、二、三类压力容器设计和制造认证；煤基掘进机替代进口产品，为国家节省了大量外汇；改装车也是目前国内生产品种最齐全、数量最多的厂家之一，其研制的飞机加油车更是填补了国内这一领域的空白。

金属艺术压制像领域特别值得一提的是铸造的毛泽东铜像。为纪念毛泽东诞辰 100 周年，1993 年，晨光机器厂受湖南省委委托铸造毛泽东铜像，像重 3.7 吨，高 6 米，基座高 4.1 米，通高 10.1 米，象征共和国诞生日，更象征着毛泽东是共和国的缔造者。铜像由著名雕塑大师、中国美术馆原馆长刘开渠和他的高足、国家一级美术师程允贤设计，成功再现了人民领袖毛泽东出席开国大典时的风采。1993 年 12 月 20 日，时任中共中央总书记江泽民同志专程赴韶山为铜像揭幕。另外，坐落在香港大屿山木鱼峰顶的天坛大佛、香港金紫荆广场上的紫荆花雕像、海南的南海三面观音、澳门莲花公园中央的“盛世莲花”雕像等都由

香港紫荆花雕像

晨光 1865 创意园

新时代的南京晨光集团

晨光厂铸造；在国庆60周年大阅兵上，格外吸引眼球的“北京奥运”与“神州飞天”两辆游行彩车也是由晨光厂研制打造。

这一系列民品生产，使晨光厂享誉海内外，晨光机器厂变成了晨光集团，并于2001年在上海证券交易所成功上市。2007年，晨光集团在金陵制造局工厂旧址上成立了晨光1865创意园，开始走上“三强鼎立，军品、民品、服务业共同发展”的道路。

追赶，逐步走向强大的岁月，演绎着金陵制造局从诞生到壮大，从新生到崛起，踩着时代脉搏，不断转型的过往。

150余年的历史证明，无论是洋务运动自强，还是中法战争保疆，无论是抗日战争御侮，还是改革开放兴邦，金陵制造局始终站在保家卫国、实业兴国的最前列，为民族工业的发展作出了卓越贡献。而更难能可贵的是，150余年的薪火相传、执着奋进，金陵制造局为我们留下了厚重的工业遗产，丰富的工业文化，宝贵的工业精神。

这150余年的发展，给我们最大的启迪就是中国工业发展既要借鉴外国先进经验，又要拥有核心技术的自主知识产权。金陵制造局的每一步发展都离不开向国外学习，1862年松江洋炮局的创办和1865年金陵制造局的第一次大发展，都得益于李鸿章聘请一大批像马格里一样的外国技师，购买了一大批国外的先进机器设备。1929年金陵兵工厂的大发展也得益于中德之间合作的黄金时期能够从德国引进一批机器设备和生产技术，以及一大批留学人才的归国。1978年，长安厂的“军转民”转型成功也得益于与日本铃木公司的合作，从铃木引进微型汽车生产线和技术设备。同时期的晨光厂也是通过从美国和德国引进金属波纹成型生产线，逐渐完成军民融合之路。

然而过分依赖外国技术，又常常会导致发展受制于人。洋务运动时期的金陵制造局因为太依赖外国技术，致使发展受挫。抗战时期，由于日军封锁，21厂的发展一度困难

后 记

150 余年，中华民族，沧海桑田，伟大复兴。

150 余年，金陵制造局，历久弥新，薪火相传。

如今的金陵制造局，几经兴衰沉浮，沧桑变化，已经一分为二,依然为中华民族的伟大复兴砥砺前行。长安集团，目前已经拥有重庆、北京、江苏、江西、河北、浙江六大生产基地，15 个整车和发动机工厂，累计销量突破 1000 万辆，自主品牌年产销 168 万辆，据世界第十三，中国第一。南京晨光集团目前是一家集高新技术产品研发制造、生产服务、园区经营为一体的大型集团，下辖 11 个分公司和 8 个子公司，拥有智能制造产业、高端装备产业、节能环保产业、生产服务业和现代服务业五大产业。

本书的 16 个小故事不过是金陵制造局 150 余年历史中的沧海一粟，却见证了中华民族从弱到强，逐步走向复兴的历程，述说着中国民族工业从无到有，由小到大，艰难重重。因此，从晚清时期金陵制造局就开始谋求培养自己的技术人才，拥有自己的核心技术知识产权。如今，中美贸易战持续升级，这再次警醒我们，中国工业发展、拥有自主核心技术的道路依旧任重而道远。

主要参考资料

重庆档案馆：《联合勤务总司令兵工署第二十一厂厂史》，档案号：01760006000860100010，1947 年

中国近代兵器工业编审委员会：《中国近代兵器工业：清末至民国的兵器工业》，国防工业出版社 1998 年版

火器堂堂主：《抗战机密档：中日军队轻武器史料》，航空工业出版社 2014 年版

江苏省文史资料编辑室：《江苏近代兵工史略》，《江苏文史资料》（第 28 辑），江苏文史资料编辑部 1988 年内部发行

徐留平：《世纪长安：150 年述说中国民族工业的复兴》，长安汽车股份有限公司 2012 年内部发行

郑洪泉：《李承干传》，吉林文史出版社 2011 年版

杨向昆：《战时体制下兵工企业的秩序与影响——以抗战时期第二十一兵工厂为中心》，西南大学 2016 年硕士学位论文